"法律实践研究丛书"
由杭州师范大学资助出版

法律实践研究丛书 | 总主编 郝铁川

检察官日记

刘喆 著

北京大学出版社
PEKING UNIVERSITY PRESS

图书在版编目(CIP)数据

检察官日记/刘喆著. —北京:北京大学出版社,2018.4
ISBN 978-7-301-29270-9

Ⅰ. ①检⋯ Ⅱ. ①刘⋯ Ⅲ. ①检察官—工作—中国 ②日记—作品集—中国—当代 Ⅳ. ①D926.3②I267.5

中国版本图书馆CIP数据核字(2018)第034254号

书　　名	检察官日记 JIANCHAGUAN RIJI
著作责任者	刘　喆　著
责 任 编 辑	旷书文　孙维玲
标 准 书 号	ISBN 978-7-301-29270-9
出 版 发 行	北京大学出版社
地　　址	北京市海淀区成府路205号　100871
网　　址	http://www.pup.cn　新浪微博　@北京大学出版社
电 子 信 箱	sdyy_2005@126.com
电　　话	邮购部 62752015　发行部 62750672　编辑部 021-62071998
印 刷 者	河北博文科技印务有限公司
经 销 者	新华书店 880毫米×1230毫米　A5　7.25印张　195千字 2018年4月第1版　2025年7月第6次印刷
定　　价	36.00元

未经许可,不得以任何方式复制或抄袭本书之部分或全部内容。
版权所有,侵权必究
举报电话:010-62752024　电子信箱:fd@pup.pku.edu.cn
图书如有印装质量问题,请与出版部联系,电话:010-62756370

"法律实践研究丛书"总序

郝铁川

我长期从事法制史、法理、宪法、行政法等理论法学的研究,自感缺陷很突出,那就是对应用法学,特别是司法实践没有应有的探索和深入的了解。历史上的著名法学家几乎都有过司法实践的经历,这说明如想提出法学方面的真知灼见,必须对法律的运行实践有切身的了解。几十年来,我一直努力弥补自己在司法实践方面的缺陷。

我不做律师,但经常要求有关教务部门为我安排去为司法实践部门的法学硕士研究生班授课,了解他们在基层一线遇到的困惑、难题,要求他们对我课堂讲授的观点提出批评,在课程结束时试卷中必有一道题是"对郝铁川课堂讲授的三个观点进行批评,不得赞扬",以此发现实务部门的人和我这个学院派的思维差别。

1995—2000年我担任《法学》杂志主编期间,专门开设过司法实践研究栏目,有意识地与司法实践部门的专家保持密切的联系,熟悉他们的思维方式,并定期邀请全国各地的高院院长、检察长、研究室主任、审判庭庭长等为《法学》撰写文章,提供值得学界研究探讨的问题和角度。值得一提的是,当时我们经常举办一些疑难复杂新型案件的研讨会,邀请司法实务界、学界人士开会探讨并形成论文,这类文章一直很受欢迎,大家公认《法学》是理论界最受关注的司法活动的刊物。

我在香港工作期间,有空就跑到法庭旁听,研究香港法院判例。

我招收博士生时,在同等条件下,总是优先考虑来自司法实践部门的考生。

总之,多年来,我一直寻找不同的机会去熟悉司法实践。我信奉

"理论是灰色的,而生命(活)之树常青"这句话。当我看到不少学者、主编出版许多学术性理论著作时,就产生了要编一套来自司法实践部门的法官、检察官、警察、律师等撰写的法律实际运行丛书的想法,这一想法得到了好朋友——杭州师范大学法学院李安教授的大力支持。于是,我就从中部挑选一个法官撰写《法官日记》,西部挑选一个律师撰写《律师日记》,东部挑选一个检察官撰写《检察官日记》。先出这三本,如果社会效果不错的话,再接着干下去。

我很期盼这套书能够为法学院的本科生和研究生带来益处,能使他们了解我国东、中、西部不同地区的法律是怎样运行的,他们毕业后会遇到什么样的法律职业环境,能够在理论联系实践方面有所收获。西方国家许多法学院的教授都有丰富的司法实践经验,不像我们这里,大学教师制度存在先天的理论脱离实际的缺陷,绝大多数的教授都是从校门到校门。

感谢北京大学出版社和王业龙主任、孙维玲编辑,经过严格审批之后,接纳了这套丛书。

2017 年 7 月 8 日于沪上

管中窥豹，亦有所得

(代序)

反贪从来都不是一件轻松惬意的工作。

反贪工作的对象往往是手握各种公权力的国家工作人员，他们普遍拥有高学历、高智商、高技能，对他们开展职务犯罪的惩处和预防更加需要优秀的检察团队、卓越的侦防干部、扎实的法律基础和成熟的办案技巧，而这些都不是一蹴而就的。

本书以一名大学毕业生成为检察院反贪局干警为背景，采用深入浅出的记叙、理据相依的论述，撷取其工作中的办案经历和思绪碰撞，生动描绘了一个单纯稚嫩的大学毕业生成长为一名成熟精干的反腐执法者的心路历程和实践足迹，直白而不刻板，诙谐而不浮夸，有行有思，有理有据，值得回味。

"红日初升，其道大光；河出伏流，一泻汪洋"，本书洋溢着年轻检察人的蓬勃朝气和思辨才气，他们在工作中学习，在摸索中成长，在挫败中成熟，在传承中升华。这些反贪战线上的新鲜血液不停地在反贪锋线积累经验、汲取知识，并融入新思考、新探索、新领悟，再通过实践转化成新的办案业绩和反腐成效。这些未来的反腐倡廉中坚力量令人既感慨后生可畏，又欣慰后继有人。

"勇锐盖于怯懦，进取压倒苟安"，本书中不仅有锋利出鞘的反贪利剑，还有直指人心的伐心之刃。人性的原始贪婪、行贿人的阴阳嘴脸、身败名裂的可怜蛀虫，这些反贪工作中鲜活存在的形象于字里行间呼之欲出，使平素无法接触实务的读者推己及人，仿如身临其境，阅历人生百态。

"道足以忘物之得丧,志足以一气之盛衰",我们的事业有甘也有苦,光鲜亮丽的制服背后,付出了无数个挑灯鏖战的夜晚;我们的案件有成也有败,每个顺利侦破的案件面前,铺垫了数以倍计侦查无果的重整出发;我们的干警有喜也有怒,千篇一律的"扑克脸"下面裹藏着同样五彩斑斓的内心世界。能够将反贪人的幸福、辛酸、骄傲、委屈、上进、忧虑、好恶、殊方这些寻常而真切的点滴如实地记录下来,令读者感同身受,领略反贪人的坚守,体会职务犯罪侦查的不易,理解检察干警的酸甜苦辣,这也是本书的难能可贵之处。

"止之于启萌,绝之于未形",惩治与预防是反腐倡廉的"同胞兄弟",一攻一守,相得益彰。惩处往往雷霆万钧,一招制敌,势如破竹;预防则讲究春风化雨润无声,警钟长鸣入心田,两者相辅相成,殊途同归。作者曾分别在反贪侦查一线和职务犯罪预防岗位上任职,是个能侦善防的"多面手"。除了对侦查过程和案例因果的细致描述和剖析外,书中还常常流露出警醒和诫勉的弦外之音,绕梁三尺,侦防兼济,同样给人留下了深刻印象。

我犹记得第一次见到作者时的情形,当时我还在市局侦查二处,去基层指导具体办案,他是基层院反贪局办公室的代理主任。他的领导向我介绍,这个小伙子晚上和兄弟们一起"上案子",甘苦与共,白天在办公室里写稿子,行云流水,经他总结归纳的办案经验,办案子的同志不觉得刻板生硬、脱离实际,写材料的同志欣赏其说理通透、字句细腻。我当时就觉得这样的干部很难得。之后,我到基层院担任副检察长,分管反贪、预防等工作,恰好作者又成为我的下属,此时他在预防部门工作——剖析案情,查析原因,堵漏建制,警示宣教,这更是发挥了他的所长。

我们反贪工作常常不为普通群众所知晓、理解,主要原因之一在于神秘感太浓,知晓度太低。介绍反贪工作的文字素材并不稀少,但大多过于正式,如同制式装备,整齐划一,"高大上"。作者笔下的反贪工作却轻松活泼,既通俗易懂,又能在一些细微之处搔到反贪人的痒处,点出案、法、情之间的症结,如同一扇别致雅趣的小窗口,打通了普通民众与反贪人之间的壁垒,将我们真实工作和生活的一隅生动诠释,有血有肉,接地气。能够看到他的作品付梓,我衷心感到欣慰,更为我们反贪工作能够增加一个被了解的小窗口而欣慰。尽管作者的文笔略显青涩,但文章中的真情实感跃然纸上,释法说理扎根实际,更饱含对检察事业和反贪工作的热爱与期盼。若静心阅之,定会有所触动,有所感悟,有所收获。

陈　振

上海市虹口区人民检察院副检察长

2018 年 1 月 16 日

目录

起点 // 001

第一篇　手边的卷宗

亲爱的，我该信谁？ // 009

利剑与铁锤（上） // 018

利剑与铁锤（下） // 022

"统一战线联盟" // 025

无"wei"的保护 // 031

小人物的大"花头" // 037

我的"耻辱史" // 041

零口供 // 045

院外的人山人海 // 051

兄弟情深 // 058

仓廪实则知礼节？ // 062

魔高一尺，道高一丈 // 068

凡事就怕"认真"二字 // 073

要升迁，先找路 // 077

一个"熟人" // 084

爱的代价 // 088

屁股擦不干净，就不要那么跩 // 095
今天咱们去搜查 // 100
老蔡的华丽转身 // 104
好人和恶人 // 109

第二篇　身边的故事

和纪委一起办案 // 117
远道而来的客人 // 121
来自深渊的怪物（一） // 124
来自深渊的怪物（二） // 129
来自深渊的怪物（三） // 132
天网恢恢，疏而不漏 // 135
我和领导有个约会 // 137
在乎最该在乎的事 // 140
致敬！离开的小伙伴们 // 143

第三篇　碎片与火花

窃钩者诛，窃国者侯？ // 149
我在这里都学会了什么 // 153
兄弟，药不能停 // 157
请别信电视剧 // 160
疾恶如仇 // 167
吃着"皇粮"的我们都在干啥 // 171
不抓人的时候，反贪局都在干什么 // 175
怎么写一篇廉政宣讲稿 // 179
反贪局的头最在乎什么 // 183
反贪局的兵最讨厌什么 // 187

第四篇　跟小伙伴们讲几句心里话

反贪局的"江湖地位" // 193

反贪局的"社会关系" // 195

公务员穷不穷 // 202

检察院富不富 // 206

反贪和公安,有啥不一样 // 210

为什么是我去反贪 // 212

我该不该做反贪 // 215

致我的检察岁月
　　——于司法体制改革及国家监察体制改革之际
　（代后记）// 218

起点

> 良好的开端，等于成功的一半。
>
> ——柏拉图

从校门一脚踏进机关大院门，顺利地捧起"铁饭碗"，或许是无数国内法律专业学生的毕业终点，也是不少政法学子梦寐以求的归宿。回想若干年前，揣着学士证、司考证（法律职业资格证书），走进基层检察院的大门，现实主义的我丝毫没有做着走向人生巅峰的绮梦，也没有异常高尚信仰的感召。当时的我只是觉得，这是一份工作而已，是人生中的一段旅程。人生阅历尚浅的我也没有意识到自己在工作中会真正遭遇到什么，感受到什么，体会到什么，但如果能赚得盆满钵满，很快升职加薪，当上检察官，出任检察长，迎娶"白富美"，走上人生巅峰的话，那我应该会更加激动一些，事实上并没有……我只是行走在千千万万检察官队伍里的一个小人物而已。

我国《宪法》规定，"人民检察院是国家的法律监督机关"。在国内某非985、非211之大学的法学院学习四年的我，对于检察院的认识原本只是停留在书本上，甚至只是"刑事诉讼法"课程中的一个名词而已。也未曾料想到这将是我毕业后的第一份工作，在先后经历司法考试、公务员考试之后，我却真真正正成为其中的一员，其中有偶然性，或许也有一些命运中的必然性。可能有人会问，公务员考试那么多岗位，为什么千挑万选报考检察院？其实很简单，我只是挑了一个全市法检系统里招收岗位最多的一个单位而已，不是我选择了检察院，也不是检察院选择了我，而是正好那年检察院比较缺人罢了……

简单介绍一下自己。小刘，85后，某直辖市人，国内某大学法学专业本科毕业生，在校期间通过国家司法考试取得法律职业从业资格，毕业后如愿通过公务员考试进入本市城南区检察院，先后在反贪局、预防科等部门工作七年，历任书记员、助理检察员（后改革为检察官助理）等职务。平时喜欢瞎琢磨，对于身边遇见的人、发生的事都怀有强烈的探究欲，善于抽丝剥茧，分析出个所以然来，日积月累，也形成了自己的一些看法。

  对于我的职业，我并不喜欢被人戴高帽子，被称为什么检察官、执法者或是"人民的名义"之类的，可能是看多了从主席台跌落至审判台的"高"者，在我们的审讯室里，再高的帽子，也是要被拿下来的。其实，我们穿上制服是公务员，脱掉制服也就是老百姓，别人怎么称呼你，都是一时的。越办案子越觉得，只有来自心底的认可和信任，才是人与人之间可贵的东西，称呼叫得再好听，其实也并没有什么用，都是表面功夫，扭过头去，说不定你就在心里骂娘，我也听不见，管不着。我其实就是检察院反贪局办案机器里的一颗螺丝钉而已。

  再说说我的工作场所和工作部门——人民检察院反贪污贿赂局，简称"反贪局"。

  "人民检察院"是一个统称，自上而下有最高人民检察院，省级、地市级、县级等地方各级人民检察院，以及军事、铁路等专门人民检察院。各级人民检察院也由不同的部门组成，分别承担相应的法律职能。根据我国《刑事诉讼法》的规定，"检察、批准逮捕、检察机关直接受理的案件的侦查、提起公诉，由人民检察院负责"。检察院的三大重要部门，自然便是反贪污贿赂（俗称"反贪"，负责贪污、受贿、挪用公款等职务犯罪的侦查等）、公诉（负责对刑事案件的审查起诉等）、侦查监督（负责对刑事案件立案监督、审查批准逮捕等，旧称"批捕"）；其他组成检察院的部门有反渎（对渎职侵权刑事案件进行侦查）、民事行政检察（对人民法院的民事、行政审判活动实行法律监督）、监所检察（对监狱、看守所等监所机关实行监督）等；至于控告申诉、职务犯罪预防、研究室等业务部门，虽然也各有千秋，但知名度和实际效果都不显著；法警、技术等辅助部门更倾向于对内服务和配合,外界知之甚少;而政治部、办公室、行装这类行政部门,同其他国家机关更是大同小异。

很多普通老百姓都以为反贪局同税务局、工商局一般,是个独立的国家机关,还有不少人认为反贪局是纪委下属的一个部门,这都是误解。根据《宪法》《刑法》《刑事诉讼法》等法律的规定,反贪局是人民检察院的一个内设机构,主要职权是对国家机关工作人员的贪污、贿赂、挪用公款、巨额财产来源不明等职务犯罪进行立案侦查等工作;其负责立案侦查的常见职务犯罪罪名包括贪污罪、受贿罪、挪用公款罪、单位受贿罪、行贿罪、单位行贿罪、介绍贿赂罪、巨额财产来源不明罪、隐瞒境外存款罪、私分国有资产罪等。

还记得那一天,我和另外一个同批分配到反贪局的小伙伴在政治部副主任的带领下来到了三楼反贪局长办公室,简单做了自我介绍后,局长就像是久旱逢甘露,喜上眉梢。两分钟后,我还在怀疑局长有没有记住我的名字,就被第一时间赶来的范科长带回去了,似乎是晚点就会被人抢走一般。从此,我就成了反贪局二科的人了。

我到二科的时候,全科群英荟萃,各领风骚。

范科长,50后,检察官,副县处级待遇,还有两年就要退休了。听说,范科长以前是国营菜场卖鱼的,是在1979年全国检察系统设立经济检察科(反贪局前身)时"投身"检察事业的老侦查员。当时,有一大批年轻人从各行各业被挑选到一个职校,进行了三个月的集中学习,出来后就成了"检察人员"了。当年才三十出头的范科长,就曾用手指着某国营厂长鼻子进行四十分钟"政策教育",可谓"猛虎下山,势不可当",人送外号"范大将军"。但是,曾经是"黑脸煞星"的范大将军,现在见谁都笑呵呵的。不过,院里不少其他科室的老同志,见到他都特别客气,甚至有点毕恭毕敬,想必他以前也有过一段"激情燃烧的岁月"。

朱副科长,70后,检察官,正主任科员,统领一支侦查组。朱副科长是出名的办案能手、业务骨干,办案得力,做事靠谱,反正一看就是要接手当正科长的。他办案子很强势,控制欲强,听说有几桩大案的行贿人,都是他强打心理战给突破的。他是个外冷内热的人,除了局里的人,对检察院其他部门的人,基本都没有笑脸,有一次他甚至和公诉科的年轻承办人大拍桌子,吵起来。但其实,他是个讲冷笑话的高手。

许组长,75后,检察官,正主任科员。据说,许组长是他家乡的高考状元,平时文质彬彬,但办案子时绝不含糊,喜欢琢磨证据材料,对各类法条、司法解释如数家珍。因为他比较细心谨慎,科里的贪污、挪用公款的案子往往都会交给他办理,他现在也统领一支侦查组。许组长还有一个特点,就是有点完美主义,办案时考虑周全,但生活上就有点"过分",整个办公桌永远都是干干净净、整整齐齐的,和其他人的"狗窝桌"形成鲜明对照,我们都猜他是处女座的人。

韩老师,70后,检察官,正主任科员,科里唯一的女同志。听说她也曾是办案能手,侦办过不少案子,但她现在是科里的内勤,做一些收发材料、整理卷宗等事务性工作,除非犯罪嫌疑人是女性,否则基本上不需要参与办案。韩老师特别照顾我们这些年轻人,如同自家阿姨般温暖,如果前一天我们加了班,次日白天她会特意给我们准备休息室,让我们轮流去睡一会儿。她不会唠唠叨叨打听你的家事和私生活,也不会瞎忙活着给你介绍对象,这点非常"可贵"。

陈哥,丁哥,刘哥,都是80后,全是科班出身的大学生,在检察院多则近十年,少则三四年,现在都是助理检察官。他们是我的前辈,也是同事,一起加了几次夜班之后,很快就成了同甘共苦、同病相怜的难兄难弟。

小潘,85后,是我的同龄人,也是科班出身,但我们同工不同酬,因为他是辅助文员,不属于公务员序列,来自第三方的劳务派遣。这类辅助文员在我们院里大约占总人数的1/10左右,他们基本上都是年轻人,大部分负责的是最基本的文书类工作,在公诉、侦监就是做笔录、打报告、陪提审、装订卷宗之类,在反贪、反渎的还会参与审讯办案。这类文员入院几年后,往往会自动分成两类,其一是"骑驴找马",满心期待并努力在工作期间通过公务员考试或者事业编制考试成为

"有编之人",或者是找到更好的工作而离开检察院;其二则是经过几次考试失利后,也适应了这里的工作环境和节奏,接受了并不丰厚但同样稳定的收入,成为一名长期任职的文员。我们全科都知道小潘在准备司法考试和公务员考试。人往高处走,这是一种上进的表现。我们也都鼓励和支持他,甚至每当临近考试前,科长会默许他请一段时间的长假,回家脱产备考,可惜他考运不佳,两三年了都名落孙山,一直没有机会离开我们这里。

就是在这个温馨而又繁忙的科室里,我开始了我的反贪生涯……

第一篇
手边的卷宗

  局里有句俏皮话,"铁打的检察院,流水的检察官,办不完的案子,抓不完的坏人"。这些年里,陆陆续续经手上百个案件,形形色色的"贪官污吏"如过江之鲫,抓之不尽。各种世态炎凉在眼前被照射、映射、折射、反射了无数次,灯红酒绿下,杯盏交错间,席间已经少掉的那些人,未必有人细数过。藏在厚厚的卷宗里的每一个案件的背后,凝聚着各式的酸涩苦辣,蕴含着值得回味的故事。可能其中有些案件远不如暴力刑事案件那么触目惊心、振聋发聩,但细细品评之下,亦有一番五味杂陈其中。

亲爱的，我该信谁？

> 付给律师的费用不应据其在法庭上陈述时间的长短，而应据其辩护质量的优劣。
>
> ——克莱门凯

这是我全程参与办理的第一个案子，所以印象比较深刻。刚刚跨出校门不久的我原本以为，经历过大同小异的法学教育、先后通过难度大同小异的司法考试，从事法律职业的各位想必也有着大同小异的价值观，但事实证明，行行出状元，也行行出另类，尤其是个别一路狂奔，只向"钱"看的律师们，实在是让我不敢恭维。

水无形而有万形，水无物而能容万物。我所在的城市，是个靠水吃水的城市，周围码头和港口不计其数。该案是一个船老大因公司经营不善而心生邪念，为筹钱翻本而剑走偏锋，最后因合同诈骗被法院判了死缓，不得不在监狱中度过漫长岁月。

有句俗话说"人之将死，其言也善"，还有一句俗话说"人不为己，天诛地灭"，这两句俗话在这位船老大身上得到完美的体现。船老大在监狱中再三思量，为争取减刑，将自己出道以来接触的人和事，写成厚厚一本"回忆录"，随后化成十几张纸的举报信，通过监狱，流转到公安局、税务局、工商局及检察院反贪局领导的办公桌上。这下可好，他成了"侦查指挥中心"，把各路"豪杰"都给调动起来了……

话说现在我国反贪部门侦办案件的源头，主要还是依靠各类举报和犯罪嫌疑人、罪犯的立功检举。每个月，各色的举报信、案件线索流转函都如同雪片般飞到各位反贪局长的桌上。其中，有翔实具体的，有模糊猜测的，有无中生有的，有围绕男女关系的，也有涉及偷税、诈骗等其他刑事犯罪的。如何从茫茫文海中筛选信息，将与反贪侦查无关的内容或无视，或速结，或移送，并在剩下的只言片语中寻找有价值的线索，这是考验侦查员经验和水平的事情。

反贪干警取得线索之后的第一件事，往往是删去一些陈芝麻烂谷子的重复举报。社会上有太多不平衡的心理、不安定的情绪，到处举报、重复举报成了他们释放情绪的窗口，但对于处理线索的反贪干警而言，这些毫无价值的线索，其"剩余价值"也只有进入阴暗但不潮湿的归档仓库了。对于其他可能有用的线索，侦查员首先要做的往往是争取同举报人取得联系，获取第一手的资料。对于匿名举报的线索，这就有很大的难度；如果是实名举报或者是留下了联系方式但不留姓名之类的半实名举报，侦查人员都很乐意主动同举报人取得联系。从侦查的角度来看，举报人大多已经对被举报人观察多时，甚至主动收集了很多有针对性的信息，从他们这里取得现成的信息，可以使我们少走弯路。而且，大部分省市都规定，反贪部门对于实名举报的职务犯罪线索必须反馈调查处理结果，这就要求侦查员必须及时联系举报人，并在初查结果（立案、不立案、缓查等）形成后，及时进行反馈。从始至终，反贪局和侦查员都会对举报人的相关信息严格保密，这是最基本的保密要求。如果最终线索成案，且确定该线索对于突破案件有重要作用的，往往还会给予举报人一定程度的物质奖励和表彰表扬。尽管这一做法有"买"线索之嫌，但由于线索指向的是非法行为，应该说更接近是另一种形式的"悬赏"吧。

我们每天接触的线索表面看来有板有眼，但其实大部分是绣花枕头。可即便是一些很浮夸的线索，我们也需要花费一定心力去分析，并配合开展一些外调工作以确定该线索的真实价值。比如有一封举报信上说，某税务所所长在外包养了一个情妇，情妇开了个礼品店，这个所长要求相关单位逢年过节去这个情妇那里购买各类礼品，每年每个单位在这个礼品店消费少则数千元，多则数万元，日积月累，累计有数百万元的消费记录。整个线索看起来富有逻辑，极有现实可能性。当我们真的扎根下去调查，发现这个所长多年前因为私收红包，已经被内部处分,调离业务一线,现在挂了一个虚职,门可罗雀,号召力已经大不如前;情妇和礼品店,倒是确有其人、确有其店,但这个所长只是她的相好之一,她的礼品店之所以生意兴隆,是因为还有另一个富二代包养了这个情妇,出手阔绰之故。我们围着这个店折腾了二十多天,还秘密调取了该店数百张发票去分头核查,最后发现只是空忙一场。

从事反贪岗位,你必须收起你的"玻璃心",因为不是每一分耕耘都有收获,也不是每一份证据都有助于案件的侦破。经常有花费数个月收集到的数十份证据,最终被证实只是捕风捉影、诬告陷害,只得归档成为一份不立案卷宗,办案人员的失落感不言而喻。但是,因为反贪局的案件对象,大部分是国家干部和公职人员,无论是取证还是采取强制措施,都需要谨慎、谨慎、再谨慎,要是一个案子闹得满城风雨却发现只是空穴来风,当事人及当事人的单位都可能会满腹意见,因此失去发展前途,来检察系统闹事上访的人也不是没有过。开弓没有回头箭,一旦随意出击,将行贿人、受贿人惊动了,但又没有采取有效的强制措施,很容易导致行、受贿人串供、毁灭证据等行为,造成无法弥补的影响。所以,侦查人员平时的外调工作一定要小心谨慎,不敢打草惊蛇,要有足够的把握,才会将涉案人员请到检察院的办公室。这也就意味着,侦查人员应在办案前期花费大量的时间和精力去收集各类证据,如果一个线索所导向的犯罪事实尚不明朗,侦查人员往往情愿耐心等待,观察其发展和走势,也不愿意打无准备之仗,白白浪费了优质的线索。一般来说,职务犯罪中,十份外来线索能够最终立案两至三件已经是比较高的成案比例了。

言归正传。从监狱转来船老大举报线索后,我们局长如获至宝,立马指挥几个侦查科长一起去提审船老大,从他的口中前前后后"喷出来"七八个受贿人。之后的大半年里,在这些人的基础上,受贿人"咬"行贿人,行贿人又"咬"受贿人,一路滚雪球下来,全市多个检察院一共抓了五六十个人,可说是"赚"了个"盆满钵满"。我手上案子里的沈某便是其中的一个受贿人。

沈某是个年近古稀的老工程师,满头银发,金丝眼镜,配着干净得体的白色衬衫,身材瘦小,但并不伛偻,原来是某国有安全评估中心的部门负责人。我们几个年轻侦查员,对这位举止有度、一口一个"小同志""小先生"的老学究,都颇有好感。他不是个胡搅蛮缠的人,来我们这里没过半个小时,便平静地承认受贿十二万元的事实,省去很多"政策教育"的时间。其实,当时该案查办的情况,我们早已充分了解,这个安全评估中心自上而下,从主任、部门负责人、几位专家,至少有三四个人收受过相关人的好处,而且互相也都知道。现在很多群蛀案件中,受贿人都是以"集体"形式出现。因为行贿人出于"一路绿灯"的希望,往往多方打点,行贿越多,心里越笃定。而群蛀受贿人的心态则不完全一样,有别人拿了我也可以拿的"平衡心态"、不拿白不拿的"吃亏心态"、法不责众的"侥幸心态",还有别人拿了我不拿不合适的"从众心态",甚至有别人拿了我不拿会受到排挤的"自保心态"。沈某当时的心态估计应该是最后两种的融合,为了合群而从众,因为小贪(婪)而小贪(污)。但是,很少见又可贵的是,沈某对于我们提出的涉及他自己的犯罪事实都供认不讳,但当我们询问其他几名同案受贿人的受贿情节时,沈某并没有落井下石,甚至还有所袒护,大部分他可能知晓的事情,他基本都解释自己不清楚、不知道。尽管对于办案而言,这多少有些不配合,但对于沈某大难临头还能坚守其做人的原则,我们从心底里还是钦佩的。

根据当时的刑法规定,受贿超过十万元,就可以判处十年以上有期徒刑。十二万元这个金额,恰恰处于两可之间,如果犯罪嫌疑人态度强硬,拒不认罪,但证据充分确实的,我们往往会直接刑事拘留,然后报请批准逮捕。根据办案经验,这样的案子基本就在量刑区间(十年以上)内判决了,即使之后犯罪嫌疑人积极退赔、认罪,或者考虑一些从犯、自首、供述态度等依法从轻、减轻的情节,也至少会判处七八年或以上的有期徒刑。上述分析是基于老侦查员多年的办案经验和大量往年案件判决的实际情况,换句通俗的话,这属于内行人的"心里有数"。

朱副科长其实是个嘴硬心软的人，年轻时因为大环境没有上过正规的大学，是他一生的遗憾，但这没有改变他对有学问的人的尊重和敬仰。如果对面坐个地痞流氓，朱副科长可以不吐脏字也把对方骂得哑口无言，不出手也能让对方浑身难受，但在和沈某的几番斯文体面的交流沟通之后，朱副科长多少也动了恻隐之心。朱副科长思量再三，特意和范科长商量，决定对沈某立案并取保候审。这种时候对沈某采取取保候审，不仅仅是一种刑事强制措施，对于后面的公诉阶段、法院的审判阶段，都具有一定的"符号性"。这种涉案金额在两可之间的敏感案件，如果侦查初期就进行刑事拘留，后续处理通常会一路往"上"走，即便有些从轻情节，最终往往也避不开实刑处罚，但如果一开始只是取保候审，就增加了不少变数，结合积极退赃、自首、坦白、立功、年迈等因素，最终判处缓刑的可能性会大大增加。取保候审的手续办完后，朱副科长同小潘一起送沈某出了院门，三人在门口还闲聊了一会儿。

本来可能皆大欢喜的一个案子，还是出了幺蛾子。两周后的一天，范科长板着脸走到我桌前，口气生硬地要走了沈某的大部分卷宗和笔录，初到二科的我一下子被吓倒了，脑子里不停盘点着最近自己的言行，是不是哪里做错了，给领导惹了麻烦。过了一会儿，丁哥叫上我一起到楼下接待当事人。

刚下楼梯，就听到会议室一个"女高音"在"咆哮"："我父亲可是处级干部！""你们这是刑讯逼供！是诬告陷害！""别以为你们检察院怎么样，让你们局长下来！""这件事我们不会善罢甘休的！"

我和丁哥一进门便看到一副夸张的表情在一个中年女子的脸上扭曲着，一个西装革履的男子面无表情地坐在中年女子身边，翻看着材料，沈某坐在离两人稍远一点的桌边，低着头沉默不语，捧着一次性杯子，双手不停摸捏着，软软的塑料杯壁时不时地发出吱咔声。朱副科长和许组长在会议桌的另一边静静地坐着，听着，法警队洪队长同两个男法警冷冷地站在会议室门口看着全景。

整个接待整整持续了两个小时，听完犯罪嫌疑人沈某、犯罪嫌疑人律师(西装男)及犯罪嫌疑人家属(沈某女儿,"女高音")的意见后,范科长、朱副科长把他们送走,扭头就去局长办公室汇报情况。大约半个小时,已经戒烟大半年的朱副科长,叼着根香烟回到办公室,全科室的室温降到了冰点,没人聊天,没人提问,只有翻案卷的唰唰声和键盘的敲击声,一整个下午,大家连走路都是踮着脚的。

"刑讯逼供"这个词,这几年可是司法界的热门词汇,新闻媒体先后曝光了多起全国各地司法机关发生的冤假错案,如湖北佘祥林案、云南杜培武案、河南赵作海案、浙江张高平和张辉叔侄案等,其中大部分都同刑讯逼供脱不开干系。但客观来说,其中大部分都是强奸、凶杀等"罪大恶极"的恶性刑事犯罪,办案的公安机关也大都在一些偏僻、法律意识薄弱、恶性刑事案件较少的地区,公安机关的承办人往往被下了死命令,不破案可能要掉帽子,加上外部环境、技侦条件、干警法律素养等影响,的确容易造成少数人办案粗鲁,不讲法纪。另一方面,公安机关的刑事侦查干警,经常要抓捕穷凶极恶的恶性犯罪者,对一些重大恶性案件的嫌疑人往往过于凶、狠、猛,不可能客气。刑讯逼供,可能是某些办案干警的"绝招",但也可能变成犯罪嫌疑人的噩梦、冤假错案的土壤。

对反贪干警而言,一个优秀的侦查人员,要做到"上得厅堂,下得厨房",既能举大义,叙事理,也能谈小利,讲实惠。对于不同系统、不同级别、不同性格、不同罪名、不同案情的涉案国家干部,要采取不同的策略、不同的角度来进行审讯突破。而且,反贪干警对面坐的往往是国家干部,两边大都和和气气,温柔有余,刚硬不足,说理多于恶言,这样的环境,若是长出一朵刑讯逼供的花朵,也是少见的奇葩了。在证据不足的情况下,反贪侦查人员宁肯"疑罪从无",也不愿办成一个错案。

其实,最重要也是最靠谱的一点是,自2005年11月1日最高人民检察院通过并下发《人民检察院讯问职务犯罪嫌疑人实行全程同步录音录像的规定(试行)》以来,人民检察院讯问职务犯罪嫌疑人的每一分钟,都要进行全程同步录音录像,且长期保存待查。这些年来,连凶责、辱骂犯罪嫌疑人的情况都很难见到，刑讯逼供的可能性更是微乎其微。没有人愿意冒着"掉帽子"的风险，在摄像机前张牙舞爪、拳脚相加，这么做，怎么说都是不值得的。

在和公诉、侦监的小伙伴们聊天的时候，常常听到他们发牢骚，对于公安干警不文明办案导致的证据瑕疵表示忧虑。其实，想要在刑事案件中完全杜绝刑讯逼供，强制全程录音录像绝对是个有效的办法。全程录音录像的好处很明显，阳光是最好的防腐剂，透明公开是杜绝违规操作、保持程序公平最好的办法，但也有几个弊端：其一，增加了办案的硬件成本。所有的公安办案部门、看守所的审讯室都需要配备录音录像设备，外出办案需要携带的设备和人力也可能会增加，这在我国一些较落后的地区会是一笔很大的财政支出，长期的维护费用也不容小觑。其二，提高了办案的软件成本。公安机关在办理刑事案件时，经常存在一些习以为常的程序瑕疵，如单人审讯、再次审讯时直接宣读笔录等现象，这些情况在一些轻微刑事案件中有一定的简便性，且的确提升了办案效果，检察机关就算能猜到，也难有确凿证据来排除瑕疵。一旦落实全程录音录像，这类情况会从根本上被杜绝，但也将增加办案的时间成本和人力成本，人均办案量势必会明显下降，案多人少的矛盾也会更加明显。其三，将对犯罪嫌疑人检举立功及证人作证产生一定负面影响。犯罪嫌疑人在接受讯问过程中对同步录音录像心存顾虑，特别是一些污点证人和有检举揭发立功欲望的犯罪嫌疑人，由于担心自己的言行被录音录像之后成为铁证，失去改变供述的机会，或是担心录音录像后，其检举揭发行为遭到报复，从而产生一定的抵触心理，甚至直接导致犯罪嫌疑人不愿配合，拒不认罪。

回到沈某的案子。该案尽管案情简单，但承办人丝毫不敢马虎，朱副科长全程把关，投入了更多人力物力，各项证据也都被再次一一仔细推敲。

法院开庭审理该案时，朱副科长作为侦查人员出庭，我们几个"小弟"也去了。法院应被告方请求，当庭播放了立案当天审讯阶段的同步录音录像片段，画面中沈某神态自然，精神状态稳定，一字一句承认了自己受贿的事实。朱副科长对被告人律师提出的可能存在的刑讯逼供等情况进行了解答,并接受了被告律师的质询。质询过后,辩护席上的西装男子变得沉默了很多,随后的辩护也渐渐没有了底气。坐在家属席上的沈某女儿眼中多了几分迷惑,庭审结束后扯着西装男的袖子问东问西。而在法庭中央站着的沈某眼神愧疚,根本不敢正视朱副科长。

这个案子没有当庭宣判,两周后再次开庭宣判时,我们反贪的人一个都没去。沈某因为当庭翻供、拒不认罪,不适用自首情节,也不适用坦白情节,现有证据足以认定其构成受贿罪,法院根据犯罪金额及情节依法判处沈某有期徒刑十二年。听公诉的同志回来说,宣判那天场面很难看,沈某被法警当庭收押,老头抱着老太,父亲抱着女儿,外公抱着外孙,现场哭成一片。

之后沈某提出上诉,二审还是维持原判。

大部分情况下,反贪干警不大愿意同律师打交道。其一,律师立场太鲜明,作为代理人替犯罪嫌疑人"出头",和反贪干警侦查办案以证实犯罪事实的职能完全对立,双方基本上是"针尖对麦芒"。其二,律师比当事人更专业,反贪干警在同犯罪嫌疑人、证人、被害人、犯罪嫌疑人家属打交道的过程中,偶尔会利用信息不对称进行信息刺探或者是运用一些办案技巧来探究对方的真实意图,有时还会顾左右而言他,"忽悠"一下当事人家属,这是办案的技巧之一。如果有一个具备专业知识,还秉持"拿人钱财、替人消灾"原则的律师坐在旁边,往往很多招式都会打在棉花上,用不上力。其三,对于律师和反贪干警,当事人往往更信任律师。这个很正常也很好理解,一些律师为了获取案源,同当事人之间的沟通了解势必更全面、更深入。如同想吸引雌孔雀的雄孔雀,一些律师会将自己出彩的"羽毛面"尽量朝向当事人,而反贪干警则好坏不让,让人觉得是拿"屁股面"朝向当事人,两相对照,亲疏立分。当事人对律师的信任,大部分情况下是件好事,有一个懂行的对手,能减少很多反贪干警对当事人的解释工作,而且棋逢对手,也更能体现办案的水平,大家都按照法律"套路"出牌,光明正大,还省时省力。但是，万一遇到一个对于刑事诉讼并不熟悉，甚至有一些"想当然"的"庸医"律师，那么受到最大伤害的，往往就是当事人自己。

一些犯罪嫌疑人或者犯罪嫌疑人家属在"意外"发生之时，往往会慌了手脚，丧失了最基本的分辨能力和分析能力。此时一些律师或者法律从业人员给予的一些片面建议，很可能成为他们的"救命稻草"。个别律师可能是业务水平不够，亦或是为了获取案源，对证据和最基本的法律规则没有进行客观全面的分析，对可能产生的法律后果也没有全面客观地向当事人诠释。就像是医生给病人治病，应该在对病情进行客观的分析后，提出几套治疗方案，并围绕方案解释利弊、评估风险，再辅助或者引导当事人作出抉择。如果只是为了争取到案源、赚取律师费，便一味向当事人灌输其愿意听的意见，将10%的可能性粉饰成50%乃至100%的希望，最后的结果恐怕是不会令当事人满意的。说句实话，在刑事诉讼中，辩护人的意义不仅仅在于辩护或者是在一些论点上辩胜检方，将检方的意见全部驳倒的确是一种胜利，但这种情况实在是太少太少了。律师应该客观地向当事人解释这一点，为其制定最合适的辩护方案，利用自己的刑事法律知识，结合国情、社情、法情、案情，最大限度地保护犯罪嫌疑人的合法权益，这才是辩护人最主要的意义。

利剑与铁锤（上）

> 一切法律都是无用的，因为好人用不着它们，而坏人又不会因为它们而变得规矩起来。
>
> ——德谟耶克斯

在大部分人的眼中，警察是救星，但对于小偷而言，警察是克星。

在大部分人的眼中，反贪局是惩贪罚恶的利剑，但对于贪官而言，我们是粉碎前程的"铁锤"。

在很多人的眼中，医生是一份崇高的职业，是"白衣天使"，是"生命的守护者"。也正是这一份期许，使得医生这个形象被神化了，期待每一个医生都是"白求恩"，每一个护士都是"南丁格尔"。当这种幻想被现实挫败、击垮，很多人转而对这份职业产生极度的厌恶感，甚至将对个别人的恶意传达到整个职业群体上，仿佛每个医生都收回扣，每个护士都拿红包，很不理智。

检察人员也是人，也吃五谷杂粮，也会有大病小病，去医院也希望遇到良医，药到病除，但我们也都知道，医生也只是一份职业而已，任何医生都不是神，他们首先都是一个普普通通的人，有血有肉，有感情，有欲望，也一样会犯错。

前几天因为献血，我休息了一周才来上班。休息前一天，全科围绕行贿人已经通宵了一个晚上，我回来正好赶上第二波"攻势"，接手办了王某的案子。

王某是陈哥带进来的，黑白相间的头发梳得特别整齐，羊毛衫和外套的搭配很得体，我一看就猜肯定是个受贿的，应该还是个知识分子。这种穿着得体、有一些领导气派的人，经常被人吹捧，被人夸奖，很容易被行贿,甚至于很多人受贿后还不以为意,觉得是理所当然,是对他职务或能力的一种肯定。王某看起来有点疲惫,尤其是一双黑眼圈,显得人特别没精神。

王某是某三甲医院的科室主任,这个科室虽然不是该医院的招牌科室,但因为挂着三甲医院的大名,病人络绎不绝,手术天天不断。

王某是科室主任,也是博导,更是科室的主心骨。小马是一个医药代表,主要负责推销几种进口的医疗耗材,这类耗材成本高,利润也高,又是全自费,是小马所在医药公司的重要盈利项目。在小马眼里,王某所在的科室是一块"硬骨头",小马"攻坚"了数次,都没有打开这个市场。小马用尽了塞红包、美人计、请点心、装可怜等十八般武艺,几乎打通了副主任以下"半壁江山",但就差王某的一支笔,只要王某一点头,小马负责的这个耗材,就能在这个科室被广泛使用了。本来小马对王某软磨硬泡,已经有了点起色,没料到,王某由于自己所带博士生的疏漏,造成医疗事故,被院长一顿责备,而院长在同王某回科室的路上,又正好看到小马和副主任聊得火热。院长见状脸色一变,一言不发直接扭头走了,自知犯了忌讳的王某进了门就把小马一顿狠批,连带着给副主任和全体医生下了死命令,不准让小马再进科室。

同样怒火中烧的小马,自知功亏一篑,恶向胆边生。小马在从事医药代表之前,本科学的是计算机专业,这下正好"派上用场"。

每逢周三下午,全科不接受门诊,进行手术或者开展行政工作,小马借着熟脸混入医生办公区,在主任、副主任办公室中央空调出风口的角落装上针孔无线摄像头……

过了一个月,王某看着U盘里自己从一个又一个医药代表手中接过信封的画面,直接蒙了。

小马向王某开出了一千万的买断价码,准备收钱之后立马辞职,然后远走高飞,换个城市发展。

王某连着三天没有睡上好觉。

王某左思量,右考虑,最后还是选择了报警。

估计之前王某已经想得很通透,整个讯问过程很顺利,仅一个多小时，他就对全部事实供认不讳。由于有视频等资料，接下来只要再核实一下几个行贿人的情况，这个案子也就基本告破了。

随着案子的侦办，两个副主任也先后被立案侦查。之后我们又去了几次医院，向院方收集一些文书材料和证人证言，顺便也了解一下案件的侧面情况。王某是这个科室的元老级人物，坐镇主任近十年，虽然没有非常大的成就，但也没有出过大的事故。他为人随和，对下属没什么架子，对年轻人也很关照，口碑很不错，医院里对他最多的评价就是"可惜了"。

王某因受贿罪，被判处有期徒刑七年。

小马因敲诈勒索罪未遂，被判处有期徒刑五年六个月。

更让我难过的是两个月后从其他渠道传来一个消息，在王某的科室，由一名原来不主刀的副主任医师主刀的一台手术失败了，病人没能从手术台上下来，若无意外，这台手术本来应由王某主刀……听到这个消息，我觉得有点难受，寻了个机会和陈哥聊了起来。

"陈哥，你说我们抓了这个人，到底对不对？"

"怎么了？"

"……"

"你心里觉得难受了？是因为死的那个病人？"

"嗯，是有点，如果我们晚几天抓他，是不是那条命就不会没了？"

"谁让他做坏事呢？"

"但这也不是杀人放火的事情啊？"

"你别钻牛角尖，不是杀人放火，就不是犯罪了？就不抓了吗？"

"嗯……那这个病人呢？"

"这就是命。"

"嗯。"

"我们的活儿，本来就不是救死扶伤的好事，人家公安办案，还有可能抓了一个人，找回些赃物，救了几个人啥的。我们呢，只有抓人、抓人和抓人。你也可以这么想嘛，现在他受贿金额还不多，判了七年，要是我们晚两年抓他，说不定他的金额就可以判十几年了呢，早抓也不一定是坏事嘛。"

"嗯,好像有点道理。"

"善恶到头终有报,只争来早与来迟,这个世界上,没有绝对的好人,也没绝对的坏人,我们不是来衡量人的善恶的,只甄别他们所做的事是对是错,错了就应受罚,这就是法律。而且,如果他不贪,不拿钱,我们也管不着他,那这个病人可能也不会死。"

这个病人,的确死得有点冤,但是,王某入狱,不冤。

利剑与铁锤（下）

有理智的人在一般法律体系中生活比在无拘无束的孤独中更为自由。

——斯宾诺莎

见我还没有走出牛角尖，陈哥又给我来了招"火上浇油""以毒攻毒"，跟我说起一个差不多十年前的老案子，当时的法制环境不如现在，但当时的人也更为传统，认罪态度良好，案情往往也更简单。

朱厂长是辖区内某罐头厂厂长，这个国营老厂最风光时，全厂有三千多人，有一年过年，每人发了一台缝纫机做年货，羡煞了街坊四邻。当时的朱厂长基本相当于厂里的"教父"，一言九鼎，一呼百应。随着市场经济的冲击，罐头厂和诸多国营单位一样固守常态，逐渐没落，但瘦死的骆驼比马大，朱厂长仍然是尚有数百人的老厂中的"大哥大"。

朱厂长的夫人是厂属医务室的护士长，尽管连中层干部都不是，但却是厂里的风云人物，人送外号"二号首长"。据说，但凡有人在朱夫人面前打小报告，当天晚上就能传遍全厂，第二天就能"尘埃落定"，个别得罪过朱夫人的员工，不是"发配"到又苦又累的岗位，就是成了"临时工"，顶锅有责，奖赏无份。

当时是许组长、韩老师和几个已经不在反贪岗位的老同志去带人的，尽管厂已经不那么景气了，但大家还是特意挑在周末，直接从厂长办公室将等候多时的朱厂长及大量账册材料带走，目的就是尽量减少影响。当时只有办公室主任和财务部负责人在场，但第二天，全厂员工基本也都知道了。

案情是这样的:朱厂长在任期间,招聘了出纳小董,厂里绝大部分人并不知道他其实是朱厂长的外甥,舅甥之间保密工作做得极好,每次小董在厂区见到朱厂长,都是躬身,客气地称呼一声"厂长好"。小董在财务室的几年,也是顺风顺水,老出纳退休后,小董成了出纳工作的第一责任人,掌握了实权。但是,小董的心里一直都有一个发财梦,幻想着一夜暴富,而自己的工作收入稳定但平实,没有暴富的可能性,小董没多久便迷上了一条"捷径"——买彩票。当时正好是彩票刚出现在中国大众视野的头几年,几十元的投入,换来上百万的收益可能性,完全把小董给迷住了。从开始的每月数十上百元,乃至上千元,直至将多年来积攒的老婆本都打了水漂,他却依然没有放弃这一疯狂的行为。他总是幻想,只要继续购买彩票,总有一天,投出去的钱都会赚回来,自己也会变成富豪。可惜他成为的是"负豪"。

那几年,罐头厂尽管业绩不断下滑,但仍然是多家原材料供应商的"衣食父母",各个供应商对于罐头厂的各种要求,基本上是有求必应。小董身为出纳,管理公司日常现金及汇款支出,他自作主张,以承销商结算方式调整等理由,向材料供应商提出要晚一到两个月同供应商结算并汇款,供应商出于长期合作的考虑,都一一答应了。于是小董利用这个时间差,拆东墙,补西墙,延续着自己的发财之梦,同时也不停地购买各种彩票,累积着自己的犯罪金额。

之后,有业务人员通过其他途径知晓本厂和材料供应商费用结算上的怪异现象,便向朱厂长反映。朱厂长当晚将小董叫到自己家里,两人一对质,小董就全部向舅舅坦白了,看着外甥跪在自己面前痛哭流涕,朱夫人也在旁边老泪纵横,朱厂长起了恻隐之心。

经过两天的思想斗争,朱厂长想到了一个填补漏洞的办法。他找到几个相熟的承销商,私下同他们签署了"阴阳合同",将原来应上缴罐头厂的部分货款,以货物质量问题、酬宾促销等理由进行减免,同时让承销商将贷款差额的大部分转到小董的私人账户,再以现金形式取出,填补之前小董挪用的资金。

就这样,两年不到,漏洞就填上了,朱厂长神不知鬼不觉地解决了这一危机，得意万分。看着承销商继续打来的货款，朱厂长起了贪心。马克思说过，资本如果有百分之百的利润，它就敢践踏人间一切法律。再接下来的几年里，这些款项便进了朱厂长和小董的口袋。

天网恢恢，疏而不漏。在一次国资委突击审计中，小董的财务账册被发现了问题，一路顺藤摸瓜，将这件丑事翻了出来，相关账册也被送到司法审计中心。

不久，司法审计报告出炉。朱厂长和小董的贪污、挪用公款金额达到立案标准，两人被侦查人员带走，从此再也没回到厂里。朱夫人也没有回到厂里，病假了一周后的她，在家服了一整瓶安眠药，家人发现时，已经无力回天。

曾经有人在区两会审议检察院工作报告时提出，反贪工作要注意社会影响，有些可能引起家破人亡的案子，尤其要慎重办理。这个意见传到局里后，当时的范副科长还谑笑道，去问问是谁说的，咱们下个月就查他去。

笑话归笑话，的确有很多人是这样的感觉，仿佛反贪每带走一个干部，都是对一个家庭赤裸裸的破坏。事实上，因为被定罪量刑导致妻离子散的故事我们也听过太多了，我们带走的国家干部往往是家里的骄傲和自豪，甚至是家庭的顶梁柱。而我们就像是幸福家庭的收割者，每一副手铐都带走一份美满。但是，即便是朱厂长的故事，叙述者也没有将这个故事作为不应该查办此类案件的典型案例来介绍，并不是因为反贪人员有多么冷血和无情，得知朱夫人的过世，我们也非常的遗憾，但如果因为这份遗憾，我们就对犯罪嫌疑人网开一面，不去追究他触犯刑法的责任，何来法律的公平和正义？

尊重事实是反贪人应有的品质，每一个反贪人，看到的不仅仅是案子的判决书或者是案后破碎的家庭，更多的是证据，是贪污受贿的账册，是行贿受贿的口供，是挥霍赃款的凭据……对于"硕鼠"，不能只看其被捕后的忏悔和无助的眼神，他们为恶时的张狂跋扈，为所欲为的模样，你们，可曾见过？

"统一战线联盟"

> 法律决非一成不变的,相反地,正如天空和海洋因风浪而起变化一样,法律也因情况和时运而变化。
>
> ——黑格尔

人无完人。但凡是人,都有私心,有虚荣心,特别是拥有一定权力的人,容易被有所求的人包围,吹捧的、奉承的、感恩的,不一而足。几年的反贪生涯,见识了太多形形色色的行贿手法:爱财者,就送钱;爱色,送美女;爱车,送豪车;爱吃,送美味;爱喝,送茅台;爱收藏,送字画。行贿人什么都不怕,就怕你没有爱好。人不可能没有爱好,只看有没有被发现,容不容易被满足而已。

我在反贪这些年,办得最多的就是行受贿案件。行受贿案件在我们院查办的职务犯罪里,每年都至少占半壁河山,有些年份甚至达七八成之多,但综观全国,行受贿案件占比却并没有那么高。2015年度,全国检察机关共立案侦查职务犯罪案件40834件,涉及犯罪嫌疑人54249人,其中受贿犯罪嫌疑人13210人,行贿犯罪嫌疑人8217人,二者占人数比约为39.50%,未过半数。究其原因,个人觉得最主要在于两方面:一方面,经济社会发展程度的高低,我院所处的东部沿海地区,经济社会发展相对较快,经济利益随着市场发展而高度流转,市场竞争高度集中。在激烈市场化竞争的同时,竞争者们为了取得更多的不平等优势(资源、效率、机会等)而寄希望于行贿行为,各类行政权力被"价格化",大量国家干部的价值观、利益观受到多番冲击,很容易产生松懈,甚至产生"笑贫不笑娼""笑廉不笑贪"的危险心态。市场土壤、竞争机制、观念冲击共同导致东部地区行受贿犯罪更为集中。另一方面，东部地区经济制度发展较为成熟，财务、税务、工商、社保等各类制度更为健全完善，电子化、信息化、数据化建设的完备，自然而然减少了很多可人为操作的裁量空间，扎根在此类漏洞上的贪污、挪用公款等职务犯罪案件在东部地区就相对较少。平心而论，贪污类和行受贿案件相比，前者书证更多，白纸黑字更为客观稳定，往往更容易侦办；后者则由于当事人心态、立场、阅历等因素的各不相同，容易导致口供的不稳定性，办案难度也有所增加，因此，行受贿案件类案件的同步录音录像就显得十分必要，一旦口供配合录音录像指向同一犯罪事实，相关人员想要翻供就变得异常困难了。

这次我们侦办的案子是个结构比较简单的行受贿案件。

邓处长是一个大型工程公司的业务处副处长，手上有一块自由裁量权很大的业务，即负责下属外包劳务工程队的业务承包、队伍管理、工程结算审核等。这些外包劳务工程队依附在这个大型工程公司旗下，是否有业务、业务油水的多寡、业务款结算是否及时等都得仰仗邓处长。所以，这些工程队的老板、包工头为了获得邓处长的关照，千方百计对其大献殷勤。而邓处长是个爱好广泛的人，喜欢泡澡、打牌，省去了老板们费时费力去揣摩邓处长兴趣爱好的功夫。所以，邓处长每次都是一呼百应，总有人愿意为他的消费买单，为他打牌"点炮"的人比比皆是，"邓常胜"便是他的外号之一。

沈老板是个新近加入该工程公司旗下的工程队老板，由于自己根基浅，和邓处长也没什么交情，业务开展得很不顺利。沈老板也不是不想拍邓处长的马屁，可是邓处长的"马屁上已经叮满了苍蝇"，找不着机会。思量再三，沈老板决定另辟蹊径。

邓处长的妻子是另一个国有企业的普通职员，沈老板通过层层关系和邓太太相识在麻将桌上，一来二往，两人逐渐熟络，沈老板顺势便成了邓家的"座上客"。沈老板还经常把自己的老婆也带到邓家一起打牌，在八面玲珑的沈太太的刻意阿谀下，沈太太和邓太太成了"闺蜜好友"，两对夫妻也经常一起打牌。在前前后后输了好几万元后的一年春节，沈老板沈太太来邓家拜年时，留下三万元红包作为过节费，邓处长略作推辞便收下了,沈老板便知道这下"有戏"。之后每逢过年过节,沈老板都会在邓家的储藏室、卧室或者卫生间放上一扎现金,少则一万、两万元,多则五万、八万元。邓太太也一直在邓处长耳边吹枕边风,夸赞沈老板为人真诚、知恩图报、做事靠谱,让邓处长多多照顾沈老板的生意。在邓处长的刻意照顾下,沈老板的生意自然顺风顺水,如日中天。

可惜好景不长,这几年全市工程项目数量锐减,利润也不如以前丰厚,僧多粥少,于是便有人犯"红眼病"。我在办案中发现一个规律,即行业的"发案周期"。就是一个行业或者产业,在发展期和成熟期,前景明朗、利润丰厚,行业内的所有企业同时享受着行业红利,对于行业内或者企业内的一些不公平、不健康的现状,往往会装聋作哑,刻意忽视,避免因为小的变化而影响整个行业的稳定性,共同默认遵循一些"潜规则"和分享"内部福利"。而一旦整个行业进入衰退期,各类企业利润明显减少,企业间的不平等或者行业里面的潜规则就容易成为矛盾的集聚点。

这一概念在职务犯罪案发规律中的反映就是,当一个行业发展较为顺利的时候,各个企业只顾和竞争对手"厮杀",从业务中谋利赚钱,不太会故意将行业内的不健康因素或企业内部的腐败现象向外界暴露,有时甚至会纵容乃至鼓励自己的员工通过行贿等不法手段去争取利润。而当一个行业发展进入瓶颈或者受到外部因素冲击后,行业内部矛盾就容易被激化,更多负面信息便会暴露在阳光下。相应地,各类举报信的数量也会明显增多,而且较大部分都是业内人士的举报,可能是"打击报复",也可能是一种恶意竞争,其中不仅有行业内部不同企业间的举报,也有一些同企业内,不同人员互相之间的"狗咬狗",这类举报往往又准又狠,成案率极高。

由于近几年工程建设行业的不景气,不少工程队老板都因为业务量锐减而向邓处长求助,爱莫能助的邓处长只得对外一律谢客。当这些老板发现,在这样的冷淡行情下,沈老板的工程队还是忙得热火朝天,心里自然不平衡起来,终于有一天,一封举报信寄到了我们检察院。

由于举报信里对沈老板、邓处长之间的关系、行受贿情况、业务往来情况都介绍得相当具体,我们心里的底气很足,稍作初查后,便将沈老板、邓处长先行请到讯问室,随后将沈太太、邓太太也请到询问室,分别了解情况。这种集团作战是我们的拿手招数,也是常用招数。把几个人同时扣着,互相交叉审讯,交流印证,很容易辨别供述的真伪。

出乎我们意料的是,这四人似乎早有预料,事先已经进行串供,对于工程项目业务往来、是否有行受贿行为等事项,都是同样的回答,形成了统一战线。沈老板辩称和邓处长是多年好友,一些钱款往来都是正常的牌桌输赢,并不是贿赂款。而邓太太的辩解更让人惊奇,她自称和沈老板私底下保持着秘密情人关系,那些存在她账户里面的钱款都是沈老板给她的精神补偿费,而沈老板也是这么承认的。这样将行贿受贿辩解成情人交往的也真是我们多年少见,科里把此事当作笑话调侃之余,也希望能把这个案子查个水落石出,若是被这样诡辩避罪,我们自己都觉得丢人。

再狡猾的狐狸也斗不过好猎人。很多犯罪分子都有一种自以为是的幻觉,以为自己找到了表面周全的好借口,就一定能隐藏真相,逃避处罚。但是,法律并不像很多人想象中那么刻板、单一,它是在不断完善和进步的,只是表现的形态比较多样,有时是通过刑法、刑事诉讼法这些基本法津的修正,有时是通过司法解释的形式,有时是通过内部的办案规定,还有就是各局侦查人员不断提升、不断传承、不断进步的查案水平、查案手段和办案经验。

北宋苏轼所著的《苏轼文集·策断二》中有云:"恃大而不戒,则轻战而屡败;知小而自畏,则深谋而必克。"轻视侦查人员,导致的后果往往是赔了夫人又折兵。侦查人员并不担心犯罪嫌疑人找借口,我们实在是见到过太多形形色色的借口了,每个人都有趋利避害的心理,这是人之常情,但面对应承担的责任,使用怎样的借口,也是需要智慧和态度的,要和侦查员斗,还是得选一些好借口。

面对沈、邓四人的诸般说辞,朱副科长和许组长铆足了全力,给我们这些年轻侦查员上了一课。

首先,许组长向沈老板出示了两份文件,2005年"两高"(最高人民法院、最高人民检察院)《关于办理赌博刑事案件具体应用法律若干问题的解释》和2007年"两高"《关于办理受贿刑事案件适用法律若干问题的意见》,并在沈老板面前背诵了相关法条:"通过赌博或者为国家工作人员赌博提供资金的形式实施行贿、受贿行为,构成犯罪的,依照刑法关于贿赂犯罪的规定定罪处罚。""国家工作人员利用职务上的便利为请托人谋取利益,通过赌博方式收受请托人财物的,构成受贿。"我们这些年轻侦查员现在越来越习惯于使用电子笔录,各类法条、规定可以直接复制粘贴,还愿意一字一句背出法条的已经不多了,提笔忘字的情况更是常见。而许组长他们这些比较传统的人,写得一手好字,对于各类法条、司法解释如数家珍,说背就背。邓处长和沈老板被他们的气场压着,脸色都变了。

对于沈老板和邓太太的花边故事,朱副科长来了场各个击破的心理战。朱副科长首先提审沈老板,他先耐心地听沈老板讲述多年以来他和邓太太的"爱情故事",然后根据他的表述问了他几个问题。

"你和邓太太这么好,是哪天第一次开房的?"

"哦,记不得了,那么最近一次开房是什么时候?"

"哦,小丁,去查一下开房记录。"

"哦,你记错了,是在你的家里啊?"

"那她是怎么过来的?开车,还是打车,还是你来接的?没事,我过会儿会去问她的。"

"哦,这个也记不清了啊?哦,别紧张,我们随便聊聊。"

"邓太太身体上有什么特别特征啊,有没有痣或斑啊?"

"哦,这个也记不清了,那么多年,那么多次,那么熟悉了,这个都不记得啊?"

"那邓太太是顺产还是剖腹产的啊?"

"剖腹产啊,那么她是顺刀还是竖刀啊?"朱副科长一边问,一边还在比画。

刑事心理学上有一个观点,如果一个人说了一个谎,为了圆谎,就需要编造更多的谎言,而细节则是最难编造的部分。所以,除非一个人说的是真话,或者自己从心底里完全听信了别人的谎言,否则,在之后不断编造的新谎言中,一定会出现自相矛盾的情况,越答越错,越错越多,自然而然,最初的谎言就不攻自破了。

看着沈老板手足无措的样子,朱副科长压上最后一根稻草:"这几个问题,你好像都记不太清了啊,没事,你好好回忆啊,下次我们再来问你,我下午就去女监找邓太太,我也会问她的,到时候你身上有几块肉,记得也数一数啊!"末了又补上一句:"对了,到时候谁先说,就给谁自首哦,另一个就算是编造借口,抗拒调查!"

攻破了沈老板,我们下午去提审邓太太。邓太太尽管知晓我们已经否定了"奸情说",但还是坚持自己的说辞,油盐不进。这时候朱副科长又拿出了"撒手锏"。我们在对邓处长进行外围初查时,曾调取了他近几年的宾馆住宿记录,朱副科长借此机会也向邓太太进行一一"核实",邓太太随后来了个180度的转变,对我们的取证工作高度"配合"并主动指认邓处长的犯罪事实……

事实证明,借口如浮萍,在真相和法律面前往往是无力的,因为无论如何串供,都不可能一点漏洞都没有,假的终究是假的,一旦被揭穿,反而容易落一个态度恶劣、拒不认罪的认定。法律不是万能的,法律也不是毫无漏洞的,但法律也不像是很多人臆想的那么千疮百孔、漏洞百出,对法律和办案人员的轻视,就是对自己最大的不负责任。

最终沈老板、邓处长分别被以行贿罪、受贿罪定罪入刑。邓太太被以受贿罪共犯定罪,被判了缓刑。

无"wei"的保护

> 法大行,则是为公是,非为公非。
>
> ——刘禹锡《天论·上》

今天,范科长一从局长办公室出来,便把我们召集在一起开短会,会议的主要内容我们其实早就知道,就是宣布关于陈某受贿案件中洪某的处理结果,大家都蛮有兴趣的,因为这是我们科有史以来第一次遇到的情况,要对一个并不是职务犯罪对象的人决定是否要采取"制裁措施"。

陈某是一个国有企业的项目经理,在经手一批设备项目采购时,事先收受了A供应商一笔三万元的好处费,谁曾想,上级下发的一份文件,改变了相关设备的几个基本数据要求,最终中标者成了B供应商。被猪油迷了心窍的陈某,非但没有偷偷地将这笔好处费退给A供应商,反而在外面大放厥词,数落A供应商的种种不是,仿佛是A供应商自己不争气才失去这次机会。不久,一份匿名举报信流转到范科长的案前,是谁寄出的,其实已经不言而喻了。

根据相关规定,如果是实名举报信,在规定时效内,必须将初查结果回复举报人,对于匿名举报信,由于没有可回复的对象,也没有了回复时效的限制。很明显,实名举报更有效率,也更容易出结果,但这并不影响匿名线索在反贪侦查员眼中的价值。职务犯罪案件的举报信,大体分两类:一类是作风类举报信,基本上是捕风捉影加想象的,举报的内容也常常和不良、腐化甚至"糜烂"的生活作风,霸道、武断乃至"犯罪"的工作作风相关,署名常常是"一名老党员""一个路见不平的老同志"之类的,这类线索往往成功率低,就算查到最后的确存在作风问题,也是转送单位纪委解决了事,反贪局纯粹是白忙一场。还有一类是事实类举报信,内容都比较有针对性,直接指出具体的人和事,甚至连贪污、受贿的金额也都列个清清楚楚,虽然里面也可能有些半真半假的混淆项,但这类线索的可查性和成案率更高,顺藤摸瓜,很容易就能找出犯罪手法和规律,从而查明犯罪事实。

在实名举报中,往往事实类偏多,既然敢实名,大多是胸有成竹,以求破釜沉舟。但是,有的举报经历了多年的"折腾",指向的事情已经被岁月"磨"平了,失去了先机;有些事情经过多头举报(同时向本单位、上级单位、政府、纪委、检察院等单位举报相同的材料),打草惊蛇,当事人已经有所准备,使查案难度陡增。

在匿名举报中,作风类居多,举报者可能是不满现状的同事或下属,举报内容则可能是私人恩怨引发的恶意中伤,大部分是浮于表面的一些指责,有些事情可能触犯纪律和规章制度,真正违法犯罪的,屈指可数。但是,匿名的事实类线索,很可能是来自知情人,甚至是同案犯,经过侦查人员的抽丝剥茧,可能会在虚虚实实之间发现隐匿其中的职务犯罪案件。

对于这封只揭露一件事实的举报信,范科长很是兴奋,立马组织弟兄们开始初查。这个案件在我们经手的案件中并不算复杂,但后面发生的故事特别有趣。

经过初步的外围取证,我们很快和陈某所在单位的纪委联系上了。随后,朱副科长带着我,同陈某所在部门的负责人洪主管碰了一次面。由于该企业办公地点较远,我们没有要求洪主管来检察院,而是驾驶民用车,着便服上门和洪主管交流。

淅沥的秋雨带来了些许冬天的味道,我和朱副科长一人一身黑色外套,在企业门卫室等候,远看就像是长途汽车站附近的黑车司机,特别是大部分时间比较沉默的朱副科长,皮肤黝黑,还有点庄稼汉的感觉。远远走来迎接的洪主管戴着金丝边眼镜,一身笔挺的黑色西装,淡蓝条纹衬衫配一条红底金点领带,里面还穿着西装小背心,像个民国小开,全然无视室外的寒意。

无"wei"的保护

洪主管将我们迎进小会议室,吩咐下属为我们倒了茶水。我们简单表述了来意,交流过程中,朱副科长很有技巧地隐瞒了一部分真实来意和可能暴露线索的内容,不断探听着我们希望获取的信息。我在记录时,有两个感受,其一是洪主管对于我们想要了解的陈某,好像比较"宠信",对于他在日常业务往来中的一些反常举动,洪主管也替他寻找可能的理由;其二是当得知朱副科长只是副科长的时候,他的态度冷淡了些许,官架子也大了些,说话的分贝也高了,手舞足蹈的动作也多了。

通过洪主管交谈中不断透露的"自我介绍",我们很快就知道,洪主管原来是集团北京总部的一名二线部门主管,按照国有企业的级别来算,是个副县处级,被派到我们这里已经三年多,再有几个月将被调回北京,若无意外,将成为正县处级的一线业务部门主管人选。对于陈某的工作作风,洪主管的评价还是偏于肯定的,但他也认为陈某有私下收受大笔贿赂的可能性。在交换了联系方式后,洪主管安排之前倒茶的下属将我们送出了办公区。

关于洪主管对陈某的政治觉悟、责任心的高度评价及对自己判断的充分自信,我保留应有的尊重,但我知道,朱副科长根本没有听进去洪主管偏袒陈某的话,因为在回去的路上,朱副科长已经在电话部署陈哥和小潘开展进一步的取证工作。

第二次和洪主管见面是在三周后。我们在见面第二天便致电提出,希望他提供其部门近六个月以来陈某负责或参与的各个招标项目的相关材料、文件和投标单位名单。在被两次以工作材料过多、人手不够为由拖延之后,朱副科长只有带着我们几个"壮丁"亲自上门"取件"了。反贪局干警天天和国家干部打交道,绝不是莽汉,对于别人是真心配合还是假意敷衍自然心知肚明。对于这个洪主管,我们几个小伙子已是憋了一肚子火,甚至开始怀疑他是不是也从陈某这里分到了好处。

出于尊重,朱副科长还是提前两天知会了洪主管,并且在门卫室等候时,也没有出示工作证或要求直接进入。在会议室里,显然有点恼羞成怒的洪主管，对于我们的请求更加赤裸裸地避重就轻，找出各种理由不提供相关材料，也不愿意确定提供的时间表，甚至直接把我们撂在会议室，自己出去处理公务了。又干等了一个多小时之后，坐立不安的几个年轻人终于等到了朱副科长的指令："先回去。"洪主管将我们送下楼时提醒我们，下次如果需要他协助取证，希望能来一位县处级的干部，以便沟通和协调。

虽说"官高一级压死人"，但反贪局的人在检察院是比较牛气的，平时也没少抓过县处级的干部，科里的几个"老法师"，大多都有被省纪委、省检察院借去办案的经历，省部级干部也是审过的。我们几个人当时心里很生气，但看到朱副科长平静的脸上没有什么特别的表情，我们也只能强压怒火，在后面互相努努嘴、挑挑眉，跟着朱副科长往外走。

朱副科长没有带着垂头丧气的我们直接回到车上，而是带我们去吃了顿午饭。平常外出办案，大部分情况都争取赶回院里吃午饭，实在来不及，也就是盖浇饭之类的随便应付一下。其实我们外出办案理论上是有餐补的，但院里的报销流程实在是太复杂，即使是十元的报销也要承办、科长、局长、副检察长层层签字。有时我们情愿自掏腰包吃个便餐，也懒得走这流程。今天朱副科长却带我们进了个小馆子，点了三四个炒菜，让我们坐下了慢慢吃，他去外面打了两个电话后回到桌前，继续和我们边吃边聊。虽然觉得有些奇怪，但我没有停下手中的筷子去提问。"多听少问，眼勤腿勤，多想多学"，是我这几年来的心得之一，很明显，其他人也都懂这个道理，一顿午饭在山南海北的聊天中度过了。

吃饭期间服务员来加了三四次茶水，眼看已经过了午休时间，也没有人敢开口问朱副科长我们什么时候回院里。

突然，侦查一科的小周出现在饭店门口，随身还送来了几份法律文书。

我们再一次来到该国有企业办公楼，这次下楼接待我们的是企业纪委吴书记。随后，在洪主管的办公室里，扬眉吐气的我们当着吴书记的面,向洪主管宣读了《刑事诉讼法》关于询问证人的相关法条,将满脸不信的洪主管作为证人"邀请"至检察院协助调查。小周和小潘将洪主管请回去后,剩下的人"霸占"了企业的会议室和文印室,朱副科长和丁哥初步筛选吴书记让人即刻送来的材料,陈哥和我则流水线式地影印材料,再交由该企业职员进行确认和盖章,以带回局里作为证据。

等我们回到单位,路灯早已亮起来了,讯问室里的陈某也已经被侦查一科的唐科长、秦副科长等人陆陆续续审讯了四五个小时。与此同时,西装笔挺的洪主管在两名法警的陪护下,在证人询问室已经呆坐了六个小时。

我国现行《刑事诉讼法》对于询问证人的主体、时间并没有直接的规定,只对询问证人的地点、方式、要求等进行了规定。不过,《刑事诉讼法》第117条第2款、第3条规定,讯问犯罪嫌疑人"传唤、拘传持续的时间不得超过十二小时;案情特别重大、复杂,需要采取拘留、逮捕措施的,传唤、拘传持续的时间不得超过二十四小时。""不得以连续传唤、拘传的形式变相拘禁犯罪嫌疑人。"所以,对于洪主管,我们最多可以请求他协助办案十二个小时,只有在他有较大犯罪嫌疑,且予以立案后,他也成为犯罪嫌疑人,可以审讯的时间才可以更久。以现有证据还不足以证明他是犯罪嫌疑人或者同伙。

朱副科长一回到院里,就和局长、范科长、侦查一科的唐科长还有公诉科的张主诉一起在会议室里讨论起来。我们几个暂时休息的侦查员也在门外聊了起来。正在复习功课准备参加国家司法考试的小潘觉得,如果陈某构成犯罪,那么洪主管就可能构成窝藏、包庇罪(窝藏、包庇罪是指明知是犯罪的人而为其提供隐藏处所、财物,帮助其逃匿或者作假证明包庇的行为)。曾经在公诉科工作的小周提出,窝藏、包庇罪属于选择性罪名,具体包括窝藏罪和包庇罪;其中,包庇罪只能由作为方式实施,单纯不提供证据不成立包庇罪,即必须确定洪主管明知陈某实施了犯罪行为才可能定罪,如果洪主管只是在陈某被立案前不提供书面证据,并不能构成包庇罪。

检察院的小年轻之间，经常进行这样关于案件定罪、定性、量刑的讨论，因为大部分年轻人都是法律专业毕业，通过了国家司法考试，案件争议点容易引发讨论和共鸣。这一次的讨论，小周的观点成了主流观点。随后范科长他们的短会结果也支持了这一观点。出乎意料的是，之后对洪主管的询问，都是由侦查一科的同志接手了，包括朱副科长在内的我们这些前去取证的"壮丁"无一被征用。

当日傍晚，也是洪主管进入我们检察院的第八个小时，陈某被立案。

次日凌晨，也是洪主管进入我们检察院的第十一个小时，证人洪主管走出检察院的大门。

第三天上午，陈某的立案通知书、洪主管的证人证言复印件及一份情况说明等公函和附件，出现在案发企业党委会的会议桌上。

大约一个月之后，我们从该企业纪委吴书记处得知，洪主管被全集团通报批评，停职查看，记行政大过一次，党内记大过一次。

这个故事并不是为了显摆检察院的本事有多大，得罪检察人员的后果有多严重。其本质在于：凡事都有规律，法律有准则，社会有规则，其中有吻合处，有平行处，有相交处，也有相违处，每个社会人都受社会规则的影响，但更受法律准则的制约。个别人的观点不能凌驾于法律，也不能凌驾于执法者，而执法者对任何人都不能进行法律框架外的处置。作为侦查员，我们信服、维护、支持朱副科长，但鲜有人会去同情维护犯罪嫌疑人陈某的洪主管，更没有上级现身维护洪主管，因为保护下属不等于包庇下属，无论私情、公情，都大不过法律。此种维护，既无畏，又无谓。

再说句嘚瑟的话。反贪局查案，还是需要有点骨气和傲气的，如果遇到一些困难就不查了，遇到一些阻力也不查了，越不查，别人越不把你当回事，这样的反贪局就成了机关体制内的摆设，成了可有可无的存在。真实的情况是，"宝剑锋从磨砺出"，越能查、越敢查的反贪局，别人越怕，别人越怕，你胆气就越足，就越敢查，这是一种良性循环。最重要的一点就是，如果你做到了自身净、自身正，自然就不怕被查，反贪局就算再有能力，对你也无能为力，这也是法治社会中最美好的地方之一。

小人物的大"花头"

> 规外求圆,无圆矣;法外求平,无平矣。
>
> ——宋祁《宋景文笔记》

古人云:"一生之成败,皆关乎朋友之贤否,不可不慎也。"

犯罪嫌疑人自被立案侦查开始,一旦被羁押,直到被判处刑罚,除了聘请的律师,家属好友除非公开审判时或极特殊情况,基本都无法相见。而诸多法律文书及案件阶段、家属权利义务等内容都需要让家属知晓并签收,在反贪侦查阶段,除少数使用邮政送达之外,大部分都是电话通知犯罪嫌疑人家属来检察院当面办理。但是,大部分人都不喜欢负责这项工作。如果家属通过律师已经了解犯罪嫌疑人的具体情况,可能只要三五分钟就能交代清楚,但如果遇到不明状况、又没有条理的,一个简单的告知和签字确认就可能会变成一场普法课,得花费大半天的时间。

今天正好轮到我接待家属,来的是小徐的家属。

小徐是个老实人,是某国有监理事务所的一名办公室职员,本来这么个"小兵",没什么权势,也没人巴结,没有什么太大的好处,但至少也应该能平安度日。我们常形容行贿人是苍蝇,受贿人是鸡蛋,权力就是鸡蛋上面的缝。贿随权集,只要有权,就会有缝,就会"招苍引蝇",才有可能发生职务犯罪。这种权力不一定是决定权、裁量权等实权,也可能是话语权、知情权、影响力等虚权,在有些人眼里,这种权力微乎其微,但在"苍蝇"的眼中,这也是不可或缺的一环。

海清公司是个主攻大型建筑工程的企业,本辖区里多家商务楼、学校、医院都出自他们之手。大型工程项目金额大、时间久、利润丰厚,按规定必须设有监理,监理不过关,工程就要返工,就要延期,这些对于建筑企业,就是增加成本,就是经济损失,所以,海清公司从老总到业务员,对于各个监理公司的人都特别客气,唯恐招待不周,缺了礼数,被监理公司为难。

东子原来是海清公司下面的一个小工头,因为一次工伤,东子因祸得福,成了一名业务员,他的工作就是负责工程的中后期收尾,尤其是负责和监理做好衔接工作。而小徐正好在监理公司负责各类碰头会的具体会务工作,一来二去,东子便成了小徐的"好哥们"。

有一天,东子向小徐提出,自己的大哥大嫂在附近开了个餐饮店,让小徐入伙,定期分红。小徐一听,就顺口答应了。此后,东子每个月都会定期给小徐打去"分红"一千元,至于入伙的本金,却从不提起。而小徐呢,每次在排期组织碰头会的时候,都会尽量按照东子的要求,提前准备材料和预定会场,使得一些指定会议的时间尽量提前,有时海清公司的工程碰头会竟比同期的其他工程早一两个月,领导也多次夸奖东子会办事,东子长足了面子。

今天本来约的是上午 10 点,来人是小徐的妻子英子和丈母娘。谁知 9 点刚过,门卫便打电话上来,说家属已经到了,我手头无事,便拿着文书提前下去了。接待室是个暗室,没有窗,作为弥补,日光灯特别多、特别亮,英子坐在对面,穿着一件银灰色羽绒服,里面是黑色的羊绒衫,越发显得整个人清瘦。可能是有点紧张,英子把棕色的环保袋放在大腿上,手里攥着带子的一段,在手时间折了两圈,手指一直在拨弄。坐在旁边的丈母娘也是一脸愁色,不停地长吁短叹。

"小徐是犯了什么事啊?"

"这个材料上写了,现在是涉嫌受贿罪,请在这里签字,这个材料也会给你一份的。"

"那他为什么被关起来啊?"

"现在他是被刑事拘留了,是一种强制措施。"

"那要关多久?"

"这个是根据刑事诉讼法的,我们每到一个阶段,都会通知你们的,你们也可以请律师。"

"现在他在哪里关着啊,在这里吗?"

"这上面写着的,关在城南看守所里,来,签字签在这里。"

"看守所里面条件怎么样啊？这么冷的天,怎么办啊?"

"看守所里面有吃有喝有被褥,你们不用太担心的。"

眼看英子已经拿起笔,准备签字了。丈母娘开口了:"我们小徐很老实的,到底是什么情况啊,你们是不是抓错人了啊?"

"这个案子还处于侦查阶段,具体情况现在还不能透露。"我可不像电视里的那些警官,正义凛然地诵出"您放心,我们不会放过一个坏人,更不会错怪一个好人的!"这种废话,我们只能说一些基本确定的事情,尚有变数的事情是不会向当事人传达的,以免产生误会,多生事端。

接下来的半小时,丈母娘诉说着小徐的优良品质和人生轨迹,我几次打岔都没有成功。我的内心已经火急火燎了……这种时候,特别希望当事人能够请一个律师陪在身边,打断当事人那些毫无法律价值的叙述,还有很多释法说理的无用功,也不需要检察机关亲力亲为了,而如果请到靠谱的律师,还能出谋划策,替年轻的小徐多争取一些减刑的机会。

原来,小徐成年后父母相继去世,这个月入四千的小伙子,凭借着国企的稳定和性格的踏实,让丈人丈母娘放心将自己同样老实的女儿托付予他。哪曾想,如今小徐如今身陷囹圄,全家五内俱焚。而全家人最想不通的便是,受贿的钱,去了哪里?

这个案子是丁哥在办,我也不是特别清楚,这次是轮到我接待才下来的。我只得用一些冠冕堂皇的话暂且哄走了两位家属。

过了几天,同样好奇的我主动请缨,陪丁哥去提审小徐。我找了个机会,把这个硌在心里的问题抛了出来。

态度一向良好的小徐回答,"和东子这样的合作关系,持续五六年了,每个月一千块虽然不多,但是让我的生活过得很滋润,我平时很节约,工资卡就放在老婆那里,基本不动,每个月这么一两千块,正好作为零花钱。而且,每次过年过节,东子都会给我送些月饼、粽子、礼盒、超市卡之类的,我就都给丈母娘送去,她也会觉得我很有路子,有人给我送东西,她们开心,我也很有面子。"

到这里,我看了眼丁哥,他看了眼电脑屏幕,知道我没把这段问答完整打进笔录里,他点了点头,我便继续问别的问题了。天知道,我们也不想给这个老实人的受贿金额再做加法了⋯⋯

后来,小徐被法院认定具有坦白情节,被从轻判处两年有期徒刑。如果他表现良好,估计还能减点刑。

回程的路上,我向丁哥问起案发的原因,原来,那个东子有一次拿了其他企业的回扣,采购了一批质量不过关的电器配件,被海清公司的老总发现后炒了鱿鱼。怀恨在心的东子把知道的、猜到的事情全都写了出来,来了个"天女散花"。海清公司被税务局盯着补缴了一大笔税金,几个海清公司替人陪标的合同也被判定无效,小徐和相关人等吃了官司。

其实这件事,更可恨的是这个东子,小徐有错,已经受到法律的制裁。但是,东子却没有受到相应的惩处,这和我国刑法多年来重罚受贿、轻罚行贿的主基调有关,也和东子是在进行为企业谋利的职务行为有关。反贪局也不是万能的,也有无奈和无力,在法律赋予的范围内可以纵横驰骋,出了检察院的大门,我们也只是平头老百姓,最多在心底里面多骂几句而已。

我的"耻辱史"

> 我拿着一只大盾,保护两方,不让任何一方不公正地占据优势;我制定法律,无贵无贱,一视同仁。
>
> ——梭伦

今天,内勤韩老师和我们一起加夜班。

反贪局的内勤,不属于很忙的活儿。每周收发一下线索和材料,每月统计汇总一下数据,不定期地根据领导的安排或者上级通知做一些事务性的工作,其他时间就比较自由,不像侦查员,忙成狗,上午都不知道自己下午要去哪里。所以,往往是资深的老同志担任内勤,他们业务熟,人头熟,工作不辛苦,基本不加班,符合大部分已经"拼杀"数十年老同志的现有精力和想法。但今天不得不请韩老师出马了,因为今天的案件对象是个女的。

在审讯室里,有的人刚进来时是涉案人员,立案后成了犯罪嫌疑人,决定刑事拘留后又成了待收监人员,有的人刚进来是证人,之后又成了被害人或者被害单位代表,甚至变成了犯罪嫌疑人……这些称谓在各类法律文书上,都要审慎推敲,但在实际办案中,我们比较喜欢统称他们为"对象"。

"你们去单位找找这个对象,看看今天有没有上班。"

"这个对象的口供不太稳定,你们再去取下证。"

"这个对象立案了没?"

"给这个对象办一下取保。"

"那个谁,把这个对象送去看守所。"

这次的案件对象是所高中学校的女财务高美美，三十刚出头，未婚，身材纤瘦，打扮得花枝招展。今天她刚下班出门，就在单位门口被我们带来了检察院，还有点丈二和尚摸不着头脑，糊里糊涂就坐进了询问室。

根据法律规定，对女性犯罪嫌疑人进行搜身等行为，需要由女性侦查人员执行，而对审讯等其他侦查行为则没有这项要求，但反贪局在查办案件时，基本都会全程安排一个女性办案人员在场，可能是反贪干警，也可能是法警，主要是为了方便特殊情况的照顾和监看。

高美美今天坐在这里，是因为她所在学校的校长、副校长被人举报贪污学校的公款。这两位校长此刻正在隔壁的讯问室里，由唐科长和朱副科长分别"伺候"着。根据我们的经验，贪污案件中的财务，绝对属于"高风险"岗位，经常是领导贪污、挪用的知情人，甚至是帮助犯，所以这个高美美随时可能从询问室被换到讯问室去。

韩老师和我的任务主要是了解清楚学校的财务管理制度、账目情况及审批流程，同时敲打敲打，看看这个高美美是不是了解些内情，从而配合正在办公室里"啃"账册的许组长和丁哥，为他们提供一些有价值的线索。

我来反贪局的时候，韩老师已经开始做内勤了，但听说在多年前，韩老师也是办案好手，之后因为身体原因，退居二线。这次出马，她是尽展巾帼风采，软硬兼施，一会儿讲法律的严格，一会儿叙工作的辛苦，轻轻松松就把这个小妹子完全"hold"住，高美美变得有问必答，在尚未搞清我们到底在调查什么问题之前，已经透露了不少内情。职务犯罪案件中，很多事实都需要相关人员证词或者各类书证的相互印证，所以经常会多头并进，同时将多名相关人员控制住，同一时间进行审讯或询问，一方面可以对照分析，理清事实，另一方面也有助于揭穿谎言，打破案件对象的心理防线。我们向局领导汇报了所采集的信息后，接下来要由局、科领导对各路信息进行整合，再作出进一步决定。我们对高美美的询问进入了缓和期，韩老师开始和她聊起了家常。韩老师一口一个"小姑娘",把高美美当成了邻家妹子,从天南海北聊到了高美美的家庭生活,从单位的上下级关系聊到对各位领导的个人看法。聊了一会儿,高美美的表情略显尴尬,不停地拿眼角瞥我,看得我心里毛毛的,韩老师立马接过话头,

"小姑娘,怎么了,有什么事情吗?"

"那个……那个……老师……我来大姨妈了……那个没准备。"

当时的我,只得低头翻起那几张笔录,重新检查有没有错字漏字。

韩老师打电话叫来小潘,以保证审讯室里面有两人看守,然后便微笑着看着我。我于是不得不接下了来到反贪局以来最"艰巨"的一项任务。

当时还没结婚的我,在单位对面的 24 小时便利店的货架前,抓耳挠腮纠结了很久,也没有勇气打电话给自己的妈妈,只有硬着头皮给女朋友拨去了电话。可惜这个晚上 11:30 的电话,没有接通。

我至今还记得那个收银阿姨看着我捧着五六包各类卫生巾、卫生棉、护垫去结账时候的表情,也清楚记得韩老师看到我提着一袋子进入询问室的表情,还记得那个高美美忍不住笑出来的表情,更记得第二天早上全科人哄堂大笑的场面……

第二天凌晨 3 点,韩老师和我将高美美送出办案区,她的询问笔录最后没有发挥什么作用,可能最后都没有归入卷宗。因为我们发现这个单位财务管理还算比较规范,账目上没有很大的问题,那两位校长在财务管理上最大的过错也不过是拿公费给自己的私车买了价值三千余元的保险而已。但是,通过对举报人及这个学校最近几次工程项目的调查,我们找到了一个专门负责为该校进行绿化维护的工程队老板,他承认了向其中一个校长长期行贿的事实,这个校长最后被以受贿罪立案并判刑。这种无心插柳的事情虽不常见,但也偶有发生,比如想抓一个贪污的没成功,但查账查出了挪用的事实,或者是想抓一个受贿的小兵,却把一个受贿的领导给吓得自首之类的……

自此之后我再没见过高美美,但我一直能听到她的名字。每次去

超市买完东西拎回办公室时,常常会听到有人问我,
　"呦,小刘,你又给高美美买东西去啦?"
　"我呸! 滚滚滚滚滚!"
　"哈哈哈哈……"

零口供

> 刑一而正百,杀一而慎万。
>
> ——桓宽《盐铁论·疾贪》

"口供"是刑事诉讼法对证据种类中言词证据的通俗称呼,包括证人证言、被害人陈述及犯罪嫌疑人、被告人供述和辩解等。反贪侦查人员口中的"口供"主要是指犯罪嫌疑人、被告人供述和辩解,是指向犯罪事实的重要证据,是我国各类刑事案件中最主要、最常见的证据类型之一。"罪以供定"是我国封建时期就形成的刑侦思想,在很多电视剧里面都能看到,一张供纸,一个红指印,就能决定一个人的生死,有些犯人被打得血肉模糊,神志不清,狱卒就拿着这人的手指往纸上一戳,过几天就问斩了。不要以为那是无法想象、数千年前存在的刑事审判,事实上,就是在当下,很多公安机关依然把口供作为最有效的直接证据。

所谓"零口供"案件,并不是没有言词证据的案件,而是指缺乏犯罪嫌疑人或被告人供述其实施或参与实施犯罪行为的供述的案件,也就是对象不认罪的案件。其中既有可能是犯罪嫌疑人或被告人一言不发,完全不表达自己意见的情况,也可能是只供述一部分内容,而拒绝确认或者否认与犯罪行为相关具体内容的情况。

《刑事诉讼法》第53条第1款明确规定:"对一切案件的判处都要重证据,重调查研究,不轻信口供。只有被告人供述,没有其他证据的,不能认定被告人有罪和处以刑罚;没有被告人供述,证据确实、充分的,可以认定被告人有罪和处以刑罚。"虽然书证物证是最客观也是最主要的定罪证据,但并不能因此否认口供的重要性和必要性。在反贪办案过程中,获取口供是非常重要的一环,也是最考验侦查员的水平和能力的工作之一。

首先,口供是认罪态度的体现。职务犯罪案件中,认罪态度的好坏很大程度上会影响检察院起诉的量刑建议及法院的定罪定性和是否适用自首、坦白、立功、重大立功等法定、酌定的从轻、减轻甚至是免除刑罚的情节,这些因素往往会直接在最后判决的刑期上得到反映。实话实说,检察院和法院对于曾经同为国家工作人员的犯罪嫌疑人,内心深处还是有一定恻隐之情的,法院对检察机关认可的法定、酌定的从轻情节,基本都是予以支持的,没有过多的顾虑。而一些人受社会上"坦白从宽,牢底坐穿;抗拒从严,回家过年"这类民间观点的误导,想做"毅士""死士",往往最后不小心成了"劣士",既失了先机,又落了差评。在我经手和知晓的职务犯罪案件中,绝大多数具有自首、坦白等情节的案子法院都采纳了从轻、减轻的量刑建议,不少案件最后被判处缓刑。相反地,一些冥顽不化、死扛到底的对象,有的尽管案值不大,却被判处了实刑,实打实在看守所里面度过几百个日夜。我们办理过一个窝串案,一个销售手套、扫把等易耗品的供应商贿赂了好几个区环卫局的采购负责人,尽管金额不大,但是社会影响和行业影响都很恶劣。市里把这个案子作为督办案件,指定给我局管辖办理。当时,行贿人和四五个区的受贿对象都已经认罪了,只有城北区环卫局的一个副科长,我们说破了嘴皮子,他就是不肯开口。行贿人和其他认罪的受贿对象没多久都被取保候审,放出了看守所,就剩他一个人傻乎乎的还在里面死扛,跟他说,"其他人都认了,都取保了",他死活不信,还以为所有人都坚守着,扛到底就能无罪释放。关了二十多天后,家属总算帮他请了一个律师,他的态度才缓和一些,但还是不认罪,一直关到两个月的时候才决定认罪,三天后就被取保候审了。多吃的这些苦,又何必呢?

其次,口供也是办案方向的标识。犯罪嫌疑人如果认罪服法,对犯罪的细节和金额都能够如实供述,势必节约了反贪部门大量的人力物力,这在贪污、挪用公款等职务犯罪中更为明显。犯罪嫌疑人如果将准确的贪污、挪用的时间和金额都具体化，办案人员就可以有的放矢，有利于提高办案速度。电视剧里两个人捧着几十本账册走进会议室，半个小时之后就出来大喊"我们有新发现！"我在这里翻一百个白眼给他们。这点时间也只够看一遍目录，分分类，排排序而已。一些金额小微的职务犯罪案件，可能最后也就是判个缓刑，早点结束侦查阶段，犯罪嫌疑人也能够尽早获得人身自由。

这几年，职务犯罪嫌疑人反侦查意识不断增强，作案手段越来越隐蔽，零口供案例也有所增加。职务犯罪立案后犯罪嫌疑人产生避重就轻、趋利避害、推卸责任等心态，都属于本能的正常反应，也或多或少会持续整个侦查期间。对于这样的情况，最直接的方法就是通过定罪、量刑等处罚来体现国家反腐的决心，不少"精于算计"的犯罪嫌疑人都在这件事上打错了算盘，最终自食恶果。

零口供，对于无罪的人而言，是一种抗辩的方式，是他最基本的权利。对于有罪的人而言，零口供则是一场赌博，常常要么大胜，要么大败。零口供的案子，是最考验检察官水平的案子。零口供较常见于严重危害社会公共安全、严重人身伤害或者侵财等恶性刑事案件，如多次故意杀人、持枪抢劫金融机构、贩毒、走私等案件之中，这些人在为恶之时便知道，若是认罪伏法，基本上是难逃一死，于是就有了鱼死网破之念，故而索性坚决不开口，或许还有一线生机。在反贪局办理的职务犯罪案件中，可能判处死刑的少之又少，能长期保持这么决绝心态的案件对象也比较少，但也有不开窍的，高估了自己，小看了"对手"。

沙主任原系城南街道的办公室主任，已经退休三年，退休之前破格解决了副县处级，也算是光荣退休。

这次追究的事情发生在八年前，城南街道辖区内有一个房地产项目，因为消防、公交线路等因素，建筑方案一直无法过关，后由街道出面，多方协调，得以顺利开工。协调过程中，沙主任和该项目的负责人高总也熟悉起来，此间事了，高总请街道各级领导推杯换盏，大吃了一顿，以示感谢，沙主任自然也没有被落下。沙主任回到家，心里打起了小算盘,房产项目顺利开工,过几年开盘销售,房产商至少可以赚到数千万,自己为他们多番出力,最后只换来一顿饭和几张卡……越想越不舒服的沙主任一夜未眠,第二天来到了高总的办公室。不知如何开口的沙主任坐立难安,高总倒是猜出几分。高总尽管觉得沙主任有点贪心,但考虑到工程还在进行中,万一街道方面作梗也很麻烦。于是高总主动问起沙主任的家庭情况,沙主任也顺水推舟提出了自己的想法,两人一拍即合。当天沙主任离开的时候,满面春风,得意万分。没多久,沙主任以"优惠价"出资预购下该楼盘的一套大户型。

两年后,该楼盘正式对外开盘销售,沙主任带着老婆孩子,来到沙盘前,询问着售楼员在售房屋的具体情况并特别关心房屋的开盘售价,最终心满意足地回家了。丁哥找到他的时候,他正在这套房子中和孙辈嬉闹。

都被带到审讯室里了,沙主任还强装镇定:

"干什么?"

"你不知道我们找你来干什么的吗?"

"不知道啊,我都退休好几年了,还有什么事情啊,是不是那个姓李的出事了?这个人最不是东西了!"

"那个姓李的事情过会儿说,你先说清楚你自己的事情。"

"……"

"没有的事,这都是没有的事,没有的。"

"你确定?"

"……"

"……嗯,没我的事,我做的事,上对得起天,下对得起地,中间对得起组织!"

沙主任进入反贪局以后,油盐不进,不仅一直都不承认自己有犯罪行为,还经常对侦查员恶言相向,大声训斥。直到我们出具了他购买房屋的相关材料,他才不敢再骂,但还是拒不承认自己有受贿行为,坚称其购买房屋是正常商业行为,支付了对价,没有任何不妥之处。

对于这样的"硬骨头",许组长叫我们几个不要心急,根据前期收集的诸多证据,先办理立案和羁押手续,多给沙主任一点时间"冷静冷静"。

很多当事人,在审讯前、审讯后是两个模样,在羁押前、羁押后也是两个模样。身为侦查员,我们遇到过太多外强中干、色厉内荏的对象。有些人误以为我们是在"试探",只要坚持立场,就能逃过一劫。虽然有的时候,我们的确会采取一些策略,如打草惊蛇来试探当事人,旁敲侧击来打听其他人的消息等,但对象未必总能够搞清侦查员的真实意图。侦查员和对象,表面看起来像是在下象棋,两方对弈,但其实两者的真实实力却不能相提并论。其一,侦查员并不是孤军作战,审讯室里已经是二对一,审讯室外说不定还有十几个侦查员在奉命调查,收集场外线索,就像是一对一下棋,对方却有十几副"车马炮",怎么扛得住;其二,大部分对象都容易有"猪队友",这几年我们办的案子,很少是独立犯罪的,有时是行贿、受贿的对合犯罪(行贿和受贿互为条件),有时是贪污、挪用的共同犯罪(经常是领导和财务、领导和副手、上下级关系等),而每一个对象都是被单独审讯的,一个人死扛硬撑时,说不定其他人已经被突破,那么相对更坚强的那一个,连自首、立功的机会都被别人抢了前,反而成了最不利的那一个;其三,侦查员的对手都是经过"精挑细选"的,这些对手大都有重大犯罪嫌疑,容易心虚气躁,又没有审讯对战的经验,就像是一个炉火纯青的老棋手,专挑有瑕疵、有缺点的新棋手切磋,自然有绝对的优势。所以说,零口供的案子,是一种赌博,赌如果没有自己的口供,是否还能被侦查员"将军",赌注就是自己的认罪态度及自首、立功等减罚情节。

为解决沙主任的案子,许组长带队跑了几次房产交易中心、房产商办公室,还重点盘问了那位高总。随后将收集到一部分的口供、书证又带到看守所,放在沙主任的面前。没想到沙主任是吃了秤砣铁了心,还是一言不发。回来的路上许组长也是一言不发。

在接下来的几天里我们明显感受到许组长的"脾气"上来了,或者说是"斗志"被激起了,许组长和丁哥马不停蹄跑遍了半个城南,证据卷宗整理了整整五大本,就连八年前街道和开发商的那顿饭局上每个人收到的小红包的数额都给查了个清清楚楚,搞得一起吃饭的几个干部事后还连带吃了处分。

每个零口供的案子,都是检察官的压力,不能办成"铁案",就不敢随便下定论。我们也都看得出,许组长是动了真火了,之后许组长基本没有再去提审过沙主任,都是丁哥带着其他人去提审和告知的。

从沙主任被关进看守所起计,差不多半年后,这个案子经过审查逮捕、补充侦查、审查起诉、法庭审判等流程,沙主任没有自首、坦白、立功等法定从轻、减轻情节,最终被法院以受贿罪判处有期徒刑十年。

后来,由监狱转来一份沙主任的信件,是沙主任的自白书和忏悔书,内容我已经记不清了,但记得三段的小标题:没想到这也是犯罪、没想到对我一点也不照顾、没想到要关这么久。

客观地说,几年来,我也遇到过一些拒不供认对象,尽管有一定的犯罪可能,但是最后也没有被立案处理,零口供为他们带来的是"无罪"或者不立案的结果。但每个问题要具体分析,侦查员与对象的博弈过程中,没有永远的赢家,也没有万能的"绝招"能够一招制敌,对象没有,我们侦查员也没有。

院外的人山人海

国因法律而昌,法律因人而贵。

——日莲

下周是高考周,许组长请了一周的公休假陪参加高考的女儿,他手上的案子都交代给了丁哥,丁哥忙不过来,把我借来帮忙。

今天,丁哥和刘哥去看守所提审,我留在院里。一个案子的当事人家属电话预约并坚持一个小时后见办案人员,我和丁哥通了电话后,只能答应。正常情况下,反贪办案有一定的分工责任制,一个案子由几个承办人组成的办案组共同负责,负责人大部分是科领导或者办案组的组长,办案组会从始至终跟进这个案子。在侦查突破时,小组成员担任主攻手,其他侦查员则是发挥辅助作用,而突破前的外围侦查和突破后的补侦追查,也由小组成员自行负责。这样的好处就是避免资源浪费,办案组成员对案情足够了解,办案效率自然提高,保密效果也好。如果有接待当事人家属之类的事情,往往也是由几个承办人自行安排接待应对,只有在特殊情况时,才会有我这样临时赶鸭子上架的。

我匆匆翻了翻卷宗里的笔录,了解了一下案情。老沈是个基层税务所的税务专管员。"专管员"是税务对口管理员的俗称,曾经是个绝对的香饽饽岗位,作为税务机关同相关企业的第一联系人,每个税务专管员对口多则上千、少则三五百个纳税企业,直接接触纳税企业,了解对口企业纳税情况,在纳税服务指导的基础上兼顾了信息统计和辅助检查等职能。鉴于我国的纳税特点和实际情况,相当一部分纳税企业都有各种避税甚至逃税手段,俗话说得好,"县官不如现管",所以对于税务专管员，各个企业都是奉若上宾，唯恐招待不周，逢年过节，老沈的抽屉里总是塞满了各式各样的礼品卡、消费卡。

近几年，由于税务专管员职务犯罪高发情况受到重视及信息化手段的不断更新，纳税人的纳税申报、信息统计等业务都逐渐由电脑代替，专管员的职能被削弱，不少税务所甚至仅保留其咨询服务的职能，其他业务都通过互联网线上操作，企业自然是见风使舵，不再孝敬"现管"，老沈的办公室变得门可罗雀。

老沈这人没有别的爱好，就是特别喜欢玩"斗地主"，以前每次他稍作表示，便有人主动组局。一场下来，老沈不仅过了牌瘾，每次还能赢个盆满钵满。如今，老沈只有去社会棋牌室和社会上的牌友切磋，而且常常是输多赢少。突然有一天，棋牌室老板介绍新朋友给他认识，来人姓崔，自称是个饭店老板。老沈和崔老板同桌打了几场，牌运大顺，连着赢了好几千元，仿佛又回到了曾经的光辉岁月。牌风正顺的老沈听从了崔老板的建议，利用周末结伴一同去隔壁的城市，参加一个"大"牌局。昏天黑地的两天后，老沈先赢后输，不知不觉输了好几万元。回家后老沈对妻子隐瞒了输钱的事。第二个周末，老沈带着翻本的念想又去大战两天，前后共输了上百万元。老沈浑浑噩噩回到了家里，恍惚地过了三天，直到催债人上门，才清醒了头脑，方知受骗。一家人慌了手脚。一贯大手大脚的老沈积蓄不多，东拼西凑，还是差了二十万元，面对利滚利的债务，老沈也没了方向。

思量再三，老沈拿起电话，拨通其对口联系的一企业财务老张的电话。多年前，税务局查税科在一次突击税务检查中发现该企业的漏税问题并按照流程上报了上级。由于涉及金额较大，当时该企业的老总及财务老张为了逃避处罚，打点关系找到对口税务局的副局长，通过某种"手段"成功大事化小，小事化了，而作为专管员的老沈，也得到一个不菲的封口红包。老沈自知其他的普通关系都已随着专管员的职权旁落随风而逝了，只有这个老张，或许还能凭借此事作为要挟，争取一次"雪中送炭"。但不知道为何泄露了风声，传到那名副局长的耳中，副局长心中有鬼，盘算着抢个"先机"，先去向组织承认错误，搏了个自首加坦白,把老沈连带给拉下了水。

这两个案子现在都在我们局里,老沈也被刑事拘留了,他的妻子蔡某现在主动要求会见办案人员,怀着"见招拆招"的心情,我和小潘一起接待了蔡某。

"我们家老沈,现在是什么阶段?立案侦查阶段,还是审查逮捕阶段,还是已经批准逮捕了?"几个法律专业名词从衣着朴素、头发花白的蔡某口中一字一顿地蹦了出来,显得不太和谐。

"这个案子已经批准逮捕了。"

"那我们老沈还要关多久?"

"这个我们不能确定的,案子还有好几个流程,审查起诉、法院审理后才能最后确定的。"

蔡某翻了翻随身携带的小本本,继续问:"那么这个案子准备什么时候审查起诉?"

"这个我们也不确定的,如果案子进入了下一个阶段,我们一定会通知家属的,而且我们都是有办案期限的,不会很久的。"

"那么到底有多久?"

"这个我们暂时不能确定。"

对于案件的程序性问题,我们的回答大多都是这样模棱两可,常常要使用"不确定""不清楚""不一定"等模糊的词语。虽然我们也知道这本质上仍然是对当事人的一种敷衍,但是如同医生永远不会承诺病人手术的绝对成功一样,我们需要留下一点空间给自己,或者是留给意料之外的情况,这样的话说出去,自己也更有安全感,但当事人明显是不够满意的。

蔡某明显有点烦躁了:"那我问你们,那个张局长怎么样了?"

"这是另一个案子了,我也不清楚。"其实这个案子也是我们科在办,我也知道一些情况,但现在绝对不是告诉蔡某的合适时机,否则只会将事情变得更复杂。

"那你就告诉我,张局长现在是在外面,还是关在里面?"

"这个我也不知道。"已经有点心虚的我,表面上应该还是看不出的。

蔡某的口气越来越强硬:"我前几天刚看到他在外面的,他肯定是在外面的!"

"有可能他被取保候审了,但这个案子我的确不太清楚。"

"为什么?别人托他办事,他拿大头,我们老沈拿小头,凭什么他在外面,老沈在里面?"

"这个我不太清楚,我要先确认一下,才能答复你。"

"你这个小青年说话没用的,叫你们领导来!"和蔡某同来的一个中年妇女,第一次开口,就是个大嗓门。

"阿姨别急,这事你着急更不好,也没用。"

蔡某像是生气了一样,开始一言不发,而之前一直沉默不语的中年妇女则仿佛登台了一般,开始大喊大嚷,把门外歇着的法警吓了一跳,还惊动到三楼的局长办公室。随后,两个年长的老同志受命下来接待,前前后后折腾了两个小时,直到答应第二天给答复,这两人才作罢。走的时候,中年妇女的神态特别神气,蔡某则亦步亦趋跟着她出了院门。

灰头土脸的我和刚从看守所回来的丁哥,随着科长一起去了局长办公室汇报情况,虽然被批评的是丁哥,但站在旁边的我心里也很委屈。

这两个案子的情况的确有些特殊,现在张局长确实是被取保候审了。

当时张局长帮助该企业避过了那个坎,企业老总千恩万谢,的确想要有所表示的,但张局长那时正逢提拔期间,考虑到影响,便留了个人情,没有实际"兑现",而饭局上人人都拿到的价值三千元的超市购物卡,还不够受贿罪的立案标准。而且,张局长这次主动自首投案、主动退赃、坦白认罪,现在检察院领导正考虑由反渎局接手,将张局长的行为认定为滥用职权罪,至于三千元的受贿行为,由税务局自行处罚,根据现有的证据,很可能就是判处缓刑的结果,因此,拘留一段时间后,张局长很快就被取保候审了。

而老沈除了饭局上收受的三千元购物卡之外，还收了该企业的三万元大红包，再加上月积年累的几万元购物卡和礼品卡，金额早已超过受贿罪立案标准，且老沈至今对自己的犯罪行为仍然拒不认罪，态度强硬，所以上级检察院作出了批准逮捕的决定。

第二天，几位老法师出马，陪气势汹汹前来兴师问罪的中年妇女和蔡某在会议室里面坐了一下午，将两人磨得没了脾气，悻悻而归。有时候就是这么玄乎，同样的一番话，让老同志去说，家属就信，由我们小年轻说，家属就闹。估计是当事人总觉得"嘴上没毛，办事不牢"的关系吧。

此后，蔡某每周要来检察院"报到"两次，除了开始的时候作陪的那个中年妇女，慢慢地还有一些新面孔，有时达六七个。第四周之后，甚至聚了七八个中年妇女喧嚣嘈杂地等在院门口，引得不少来往路人驻足注目。

通过侧面了解，我们得知这些人是一批职业信访人，刚开始陪蔡某的中年妇女，是蔡某一个亲戚的老同事，是职业信访团队成员之一，在得知老沈的事情后，主动请缨陪蔡某来"打探情况"。在感觉蔡某对她有所信任之后，便怂恿蔡某花钱雇佣"职业"团队。尽管没有直接去信访接待中心提出要求，但采取的方式方法，同很多非理性信访者大同小异，他们就是想要通过类似信访的手段来解决老沈的困境。

蔡某雇用的这支团队属于上访队伍中的"职业选手"，而且是"团体选手"，和"一哭二闹三上吊"的粗线条信访团队相比，他们更有分寸，更有技巧，甚至可以说更懂法。俗语有云，"流氓不可怕，就怕流氓有文化"，这些"职业选手"不过分喧闹、不拉长横幅、不阻碍进出的人员，很有耐心和毅力，主要是通过静坐（站）来表达自己的态度，给我们施加压力。从表面看，是相对有涵养的信访方式，但信访是否值得尊重，不只是看方式、方法和手段，更主要的还是要看事情的缘由和本质。

显而易见，蔡某希望通过这样的手段向我们施加压力。但这种类似情况我们也不是第一次遇到，虽然不能说是见怪不怪，但也不至于乱了方寸,更不可能因此而作出无原则的退让。当然,案件因此而受到更多的关注是无可避免的。作为办案人员,也真是见鬼般的郁闷,简单的案情前前后后向各级领导汇报了三四次,纸质的情况介绍也写了好几篇,每次上访人激动了,控申科的电话一来,就得立马下楼接待,还得全程赔着笑脸,把同样的理由解释了几千回。实际上,这种行为只会让相关办案人员更加慎重、更加认真、更加仔细地办理案件,同时也可能使办案人员产生对信访者的一种意见,甚至偏见。

尽管这个案子受到多方关注,但胸有成竹的局长依然没有将正在陪同女儿高考的许组长叫回来,只是让范科长和朱副科长多留心过问一下,并及时汇报案件进展情况。

院外的身影隔三岔五还是出现,我们的办案节奏依然有条不紊,没有很大的变化。对内,张局长的案子移送到反渎局侦办,老沈则仍然在押;对外,每次接待当事人的不再是我们这些小年轻,而是由范科长、朱副科长这些"老江湖"带头,无论是长篇大论,还是三言两语,蔡某也没有从我们这里得到什么实质性的信息或者好处。

终于,蔡某听从了范科长的建议,在连续咨询了多名刑事诉讼律师之后,选择了其中一名作为老沈的代理律师,并且由律师同在押的老沈见了面。

律师与反贪的侦查人员,是又爱又恨的"前世情人",双方最好的状态是"交锋但不交恶,对抗而不对立"。有时是针锋相对的比赛选手,有时是吹毛求疵的刻板学究,但和一些不懂法、不知法、只知道剑走偏锋的当事人、家属相比,律师至少能为当事人提供靠谱的有效解决事端的途径,将事情的处理引回正轨。在律师的客观评估之后,蔡某总算"遣散"了她的"战友"们,和身在囹圄的老沈同时同刻不同地一起重新审视这个案件的是与非、利与弊。

律师会见几次犯罪嫌疑人之后,老沈对于自己的受贿事实及可能受到的刑罚有了更客观的认识,承认了主要的犯罪事实,但对于部分模糊事项依然保留自己的观点。几天后,律师撰写的意见书放在了侦查员的桌上。

没过多久,认罪态度端正的老沈也被取保候审。

几个月后,老沈被法院判决为受贿罪,缓刑;张局长被法院判决为滥用职权罪,缓刑。

哲学家黑格尔说过,"存在即合理。"信访制度从一种民间行为成为一种被官方认可的矛盾纠纷解决机制,必有其实效性和合理性。但刑事案件的信访行为,往往直指司法机关的不立案、错立案、错抓、错捕、错诉、错判、错执行等事项,而这些也是每一个办案人员不希望发生的。如同针尖对麦芒,执法者对于信访行为有一种自然而然的厌恶感,这也是可以理解的。现实中,无理信访的数量在信访总量中的占比未必很高,但在积压的难以处理的信访中占比不低,这更是影响了信访的整体形象。但话分两头,一些法律法规、执法程序、司法制度的完善也归功于信访,这也是不应该回避的事实。从我个人角度而言,大家有事说事,有理说理,非要通过有点无赖的手段和形式来表达自己的诉求,多少有点令人生厌。

兄弟情深

> 世上没有一种信仰能防止人变成叛徒。
>
> ——琼森

1995年,邋里邋遢的单身汉小李挑着担子,一头挑着床褥铺盖,一头挑着泥刀瓦刀,随着滚滚人潮踏上码头,开始了自己的打工生涯。

2000年,已经在工地上摸爬滚打多年的小工头小李机缘巧合,认识了一国企工程分公司的张经理,一经攀谈,两人竟是老乡,一来二去,两人相见恨晚,推杯换盏,成为"酒林好友"。

2005年,张副总所辖各处大兴土木,业务繁忙,其中常常能看到张副总的铁杆跟班李老板带着数十个小弟四处奔波、热火朝天大干工程的身影。

2010年,张总仕途康庄,顺利成为某工程建设企业的总经理,李总也已是上亿身家,手下数支工程队,最多时有数百工人在他手下工作。而在那些夜夜笙歌之所,灯红酒绿之间,大家也都知道张总和李总是至交好友。两人不仅在酒席间"孟不离焦,焦不离孟",在很多的工程项目中,也是"你中有我,我中有你"。一路走来,众人有目共睹,两人能有如今的成就,可说是相互扶持,相互帮衬,更重要的是,有张总的特意照顾,才有李总的今日成就。

此时此刻,张总正手心冒着冷汗,在反贪局审讯室里用白开水咽着他的护肝片,可能是因为水太凉了,已经是第四口水了,小小的药片还没咽下去。

根据我们收到的举报信,张某和李某之间的猫腻几乎已经是板上钉钉的事。但是,对于李某是否愿意承认向张某行贿,几位领导都觉得心里没底,因为李某现在拥有的一切,可说都是这个帮助他、提携他的贵人张某给予的,两人铁一般的交情,也是大家的共识。思量再三,我们局长还是决定,"先把人带进来再说!"

李某是从工地上被直接带走的,他在警车上一路抖抖索索,话都说不利落了。一进审讯室,李某就想着给对面的许组长和陈哥发烟,一摸口袋,发现随身物品都已经被法警收走了,尴尬地笑了笑,然后弓着背,客客气气地把陈哥给他的水杯接了过去。

接下来的一个多小时里,基本都是许组长在说话,陈哥在记录。李某坐在那里,低头不语,但黝黑的指节都被搓红了,显然,其内心挣扎很激烈。过了许久,李某才说了句整话:"领导,我能抽根烟吗?"

根据相关规定,审讯室里不能抽烟。但规矩也都是人定的,端坐在办案指挥室显示屏前的朱副科长,向我示意,我便走到审讯区将烟和打火机送了进去。

烟飘起来了,随后也下楼的朱副科长换了个话题,和李某聊起了他的工程业务,李某也开始有一句没一句地回应了起来,但说每句话前几乎都要想一想,防备心理很明显。这样的情况也很常见,很少有人一到检察院就能适应这种压抑的氛围,立即谈笑风生的。严肃谨慎的气氛也是办案的需要,轻松和温馨是绝对不应该出现在审讯室里的。

考虑到李某和张某的私交甚笃,李某守口如瓶也在情理之中,范科长便让人将朱副科长换了出来,决定先主攻其他方向。没多久,两名法警进去把侦查员都换了出来,李某这边的审讯工作暂时停止了。

到后半夜,李某在凳子上已经打了两三回瞌睡。而其他行贿人已经陆续被突破,决定对张某立案了,但对于李某应该如何处理,范科长和朱副科长两个人还是没有把握,两人去了一趟局长办公室后,胸有成竹地带我们又回到审讯室。

"我们决定了,要对你的行贿行为进行立案,并对你采取强制措施,现在对你进行告知,在这里签个字吧。"

"啊,那么张总呢?"

"这个你别管,签字吧。"

"这个,领导,这个是要关起来的吗?"

"嗯。"

"能让我打个电话吗?"

"不行,我们会通知你的家属的。"

"那要关多久啊?"

李某好像恨不得把一整晚没说的话在一分钟全说光,连珠炮似地提问,朱副科长则随口挑着问题回答。对于最后一个问题,朱副科长扫了眼手上的文书,看了陈哥一眼。陈哥很默契地开始背法条:"刑事诉讼法规定……"朱副科长没给李某再向他提问的机会,快步走出了审讯室。我和陈哥留下来办理手续,对于李某接下来絮絮叨叨问出来的问题,我俩基本都保持了沉默,一心想着快点忙完,好早点回家睡觉。

把李某送到看守所的次日下午,丁哥风风火火地冲进来告诉我们,今晚加班,又要带几个人进来。细问才知道,李某当天凌晨就跟看守所的管教表示要见反贪局的领导,第二天早上,范科长和丁哥看到李某深深的黑眼圈,就知道有戏了。

李某的一番竹筒倒豆子之后,张某的事是坐实了,另外还有几个行贿的商人和受贿的对象,也附带着成为我们今天的"座上宾"。

实在抵不住好奇心煎熬的我,在车上给丁哥点了支烟,问起李某供认的过程,丁哥往窗外吐了口烟,说道:"这人一见到我们就开始哭,说自己的女儿要出国读书,最近要付保证金和学费,那些外币在他账户上,最近不交,之前几年的学就白上了;还说过段时间要结工程款了,晚几天,几百个工人就要来闹事,家里没有他,妻儿老母怕是撑不住,说不定还得出人命什么的。"

"那么,姓张的怎么办呢?"

"被姓李的给卖了呗,真不是个东西,呸!"

很明显,"不是东西"这句话,骂的不是张某。

后来,张某因受贿罪被法院判处有期徒刑九年。

如果没有我们的介入，张某和李某的感情一定还会日益笃深，这样的铁哥们，在社会上，是很吃得开的。社会上有个段子，铁哥们的"四铁"，一铁是一起同过窗，二铁是一起扛过枪，三铁是一起嫖过娼，四铁是一起分过赃。张某和李某估计三铁四铁都有过，但还是抵不过我们的"横刀夺爱"。可能一直到案发，张某都把李某当作铁哥们，可以同甘共苦、荣辱与共，但在李某的眼里，张某或许只是一棵摇钱树，有利则往，有害则避。在很多案子中，出卖兄弟的都是兄弟，翻脸不认人的都是曾经不分彼此的，劳燕分飞的都是以前如胶似漆的。很多事情都经不起现实的考验，特别是在刑事处罚面前，直接受到威胁的是人身自由乃至生命，在这么大的考验面前，还能坚持自己原则的人，实在不多。而我们侦查员，经常要承担检验员的角色，去考验人与人之间的信任是不是如同他们在嘴上说的那样牢固。这份工作有时特别"负能量"，便是缘于此。

仓廪实则知礼节？

仓廪实则知礼节，衣食足则知荣辱。

——《管子·牧民》

高中时学过一句古语，"仓廪实则知礼节，衣食足则知荣辱。"之后很长一段时间里，我都将其奉为经典，但凡讨论当今国人的生活素质、文化修养等内容时，我都喜欢把这句话搬出来，驳斥那些"人之初，性本善"的观点。但参加反贪工作之后，我对人性的一些观点不断地被现实刷新，同时也激发了我更深的思考。

第一次见到的小梅，披肩的长发，逆着光，折射出七彩的光芒，高挑的身材和曼妙的身姿交相呼应，精致的五官配着名牌眼镜。"气质美女"应该是大部分男性对她的一致评价，走在大街上，绝对是回头率超高的那种"女神"。

再次见面非常不浪漫。在看守所里，隔着铁栏杆，我是检察人员，她是被提审的犯罪嫌疑人。

披肩的长发已经泛起了油光，透过铁栏杆的光芒也变得略显涣散；裹着俗绿的军大衣，"城南看守""046"的字样分别印制在橙色背心的正反两面；本来应该映衬纤纤玉手的手腕上戴着的不是手镯手链，而是不锈钢手铐；缺少粉底的修饰，再精致的五官也掩饰不住眼角的疲惫；诱惑的眼线也变成重重的黑眼圈。

故事要从老许说起。老许经营着一家工程耗材公司，向工程队提供各种工程辅料是他的主营业务，也是他最主要的盈利渠道。工程辅料销售是一个利润丰厚的产业，竞争异常激烈，全市各大工程队负责人的门槛早已被形形色色的辅料老板踏烂了。老许和庆工集团的涂总十年前就是一起跌爬滚打的兄弟,涂总在工程建设领域一路扶摇直上,老许的生意也是风生水起,蒸蒸日上。老许也是个"知恩图报"的人,对于涂总及庆工集团内部关键部门的负责人毫不吝啬,过年过节红包不断,项目前后也做足了"工作"。

小梅是庆工集团的出纳,还不到三十岁的她,年轻貌美,家境殷实,早早在海外镀金归来。老公是外企高管,年收入上百万元。小梅每天上下班开着豪车,一身上下都是奢侈品,俨然是集团一道亮丽的风景线。这份出纳的工作,对于这位大小姐而言,只是一种生活的调剂,用来打发打发时间而已。在庆工集团工作了两年多,小梅也渐渐看出了老许和涂总的交情,当看到老许出入老总或者部门经理的办公室聊天打点,尤其是看着每逢节庆时放在各个主管办公桌上的小信封,小梅心里却有了一丝不平衡。

"当时我就想,凭什么他们有,我就没有?"在审讯室里面,小梅捂着脸,带着哭腔说出了这句话……

人心不足蛇吞象。

渐渐地,老许的下属发现,庆工集团每期应当结算的材料款没有以前那么准时了,总要延后一两周才能到账,老许让手下的项目经理去打探,很快便知道症结所在。

随后的春节前夕,小梅的办公室里客人明显变多了。此后,庆工集团的材料款基本次日就到账了。

天有不测风云,人有旦夕祸福。

谁曾想,已知天命的老许随着荷包满满,心思也活络起来了,特别是养了个90后小情妇之后,更是花天酒地,夜夜笙歌。老许还真是一个"知恩图报"的人,趁着和涂总去新疆看项目的机会,给涂总也找了个"小妹妹",从此之后,两人的革命友情更是坚定不移。

涂太太不乐意了,几次争吵,几番恶斗,涂太太和涂总闹得不可开交,两人在打离婚官司时更是彻底撕破了脸面。不久,涂太太实名举报的一封举报信就到了我们局长的桌上。

反贪对于这类知情人的举报,最是喜欢,情妇举报情人、前妻举报前夫,里面的真实度往往很高,而且指名道姓,方向明确,比盲目排查要有效得多,基本上一抓一个准。

范科长从局长办公室出来后,立马把我们召集在一起:"这回的举报材料,很有可能是一件多投的,区纪委、建交委、庆工集团纪委都有可能也已收到,要是走漏了风声,事儿容易黄,所以这回动作一定要快!"

说时迟,那时快,三个小时内,涂太太、老许、涂总,分别被请进了检察院,隔音墙的各边,互不相知的三人,开始了各自的陈述。一个是咬牙切齿,一个是巧舌如簧,一个是老奸巨猾,都不是易与之辈。

古罗马的历史学家提图斯·李维说过:"变节的人一开始总是非常谨慎,但最终连他本身也一起出卖了。"反贪并不像查办普通案件那样简单直接,往往要在人性之中找弱点,在对抗之中找矛盾,在谎言之中找真相。而那封举报信,里面包含了大量有价值的信息,给我们提供了很多弱点、矛盾和真相,省去我们很多力气。

没多久,老许的情妇也被带到询问室,之后就不断有行贿人被暴露出来,老许的心理防线表面看起来坚实,里面却已经是千疮百孔的马蜂窝,在一波一波审讯冲击下很快就溃堤了。有了突破口,案件侦查自然也就水到渠成。老许自知罪责难逃,只有寄希望于立功减刑,小梅就是他"功劳簿"上的一笔。

很多旁观者都喜欢责骂那些立功举报的人,怎么那么没有骨气?怎么那么没有原则?都是"汉奸""走狗"!在我看来,这些都是风凉话。让说这些话的人到看守所里待几个月,他们对于自由的价值应该会有不一样的看法。在检举立功人眼里,这些线索就是自己减刑的筹码,这是一种自私,也是一种自卫。而且,很多人在行贿的时候也不是心甘情愿的,拿着辛辛苦苦赚来的热钱去贴那些冷脸,有时前脚送好钱,背身就骂娘,所以当自己落难之时,自然而然第一时间就想起这些面孔。没错,立功者都是为了自利,但是被立功的人,又有谁是被冤枉的呢?

今天是小梅被收监的第三天,也是她失眠的第三天,看守所的新环境、身边的新"朋友"都让她无法适应,而且根本不知道未来这般生不如死的日夜还有多久。在我面前,她一遍遍地表达她只是因为不懂法,并不是"故意"为之,她是多么后悔……她还不停地强调,她拿到的好处不及她老公年收入的1/10,都不够她衣柜里随便哪个名牌包包……

　　第二次去提审她大概是在两周后,我们已经完全认不出她了。我们一进看守所的提审室,蓬头垢面被手铐铐在固定木椅上的小梅,先是想要原地跪下,发现无法实现后,立即蜷缩起身子,很扭曲地在座椅里面跪了起来,歇斯底里地向我们哭诉,我们很惊讶地询问原因。从她语无伦次的表述中我们基本明白:上周和她同一监房的一个女嫌疑人被查出患有艾滋病,然后被转移到监狱医院去了,这个女嫌疑人之前和她朝夕相处了一个多星期,她从这名女嫌疑人离开之后就再也没有睡过整觉。尽管狱警后来已应她的要求为她做了检查并为她转移了监房,但我们也都知道艾滋病是有潜伏期的,她现在的精神已经近乎崩溃了,愿意付出一切去换取自由。尽管她说的这一切,做的这一切都无法成为她从轻处罚的理由,但正因为如此,我们才感到更加难受。

　　小梅这件事,让我回忆起曾经遇到过的一件小事。

　　那是一个七月盛夏的上午,我们开着警车去看守所提审。在看守所门口等门卫开门时,闲来无事的我四处张望,发现在看守所门口小路边的树荫下站在三个人,靠着树干的是名三十岁上下的长发少妇,双手捧着手机在玩,肩上挎着一个小包;旁边是名六十岁左右的短发妇人,背上还趴着一个两岁左右的小孩儿,看不出男女。出于习惯,我简单猜测了一下,这应该是一家人:婆婆、媳妇和孙子(或孙女)正在等候少妇的丈夫从看守所出来。原因有三:其一,为什么是接人?看守所位置比较偏僻,又不允许家属探监(拘留所和看守所都不允许家属探监,只有关押已决犯的监狱才允许),来这里不是送生活用品就是来接人出所的,一家三口一起来,大多是接人。而且老妇人穿着红色碎花上衣,少妇穿着粉色连衣裙,小孩子穿着红色的T恤,三人都有红色元素,也符合中国人的"风俗"。其二,为什么是婆婆,不是丈母娘?因为背着孙辈的老妇人全程眼睛都直勾勾地盯着看守所的小门,这份情感,肯定是亲妈。其三,为什么是接丈夫?如果是接其他亲友,这么炎热的天,不太会带孩子,带着孩子同来,只能是接至亲。脑子里刚把这些盘算完,我们的警车已经驶进了看守所的大门。

提审完两个对象,在看守所吃了午饭,下午3点的样子,我们驶出了大门,因为小潘把工作证忘在登记室了,我们便在车里等他。我又看到这一家三口。老妇人已经扛不住闷热,蹲坐在矮矮的马路沿上,被晒蔫了的孩子也已经在她的怀里睡着了,老妇人拿着一把小扇子有气无力地替孩子扇着风。少妇原来的披发也扎起了马尾,人还是靠着大树,低头玩着手机。

在一些地区,看守所(负责刑事案件的拘留和羁押)和拘留所(负责一般的赌博、闹事及嫖娼等行政拘留)会紧挨在一起建造,以方便管理,但我们区看守所和拘留所是分别建造的。看守所里被刑事羁押的人在被判处有期徒刑后,往往会被转移至监狱羁押,所以看守所里面放出来的,大致有三类人:一是被解除刑事拘留转为取保候审的犯罪嫌疑人;二是被公安撤案、检察院不予起诉、法院判处无罪的人;三是被判处刑罚后剩余羁押刑期少于三个月的罪犯,往往不予转移,直接在看守所完成剩余刑期后释放。在相关人员出所之前,看守所工作人员会通知家属来接,但大多只确定日期,因为当天还需要分批进行检查、登记等工作,准确的出所时间是无法提前预计的,所以这一家三口从大清早等了这么久也是无奈。

小潘动作有点慢,我正好看到了丈夫出所的那一刻。身材魁梧的丈夫穿着短袖衬衫和牛仔中裤大步迈了出来,老妇人看到之后,立马站了起来,左脚和右脚还互相绊了一下,便大喊了一声(应该是儿子的名字),孩子也从奶奶身上跳了下来,尖声喊着"爸爸"冲了过去,少妇跟在最后,手里还是端着手机,好像在对着丈夫拍小视频。丈夫一把从地面抱起孩子,整个画面瞬间"亮"了起来。丈夫亲了亲孩子的两边脸颊,然后就在看守所门口同家人聊了起来,没说几句,老妇人便背过身,单手抹起了眼泪。仅通过这些表象,我也无法推测其中包含了哪些故事,但我当时当刻看着这个画面时,内心深处回荡的只有一个念头:这辈子,我一定不犯事不犯法,绝对不让自己被"关进去"!不只是因为怕自己吃苦或感受人生的挫败,而是实在承受不了如果我失去了自由,铁窗内的我和铁窗外的家人们互相之间的内心煎熬和痛苦思念。很多东西,不能等失去了才懂得珍惜,赚再多钱,也要有命花,有自由花,还得有你爱的人和爱你的人陪你一起花!网络上有一句话很贴切,"喜欢是放纵,爱是克制"。

小梅最后被判处了有期徒刑六年,我无法预测若干年后小梅走出监狱那一刻的心情和状态,但遥想当年收取好处的那一刻,她肯定没有预想到这件事情会是如此的发展轨迹。

我现在已是一个"人性本恶"论者,或许大部分反贪干警都是。一个仓廪实、衣食足的海归美女,也抵不住内心贪婪、嫉妒的潘多拉魔盒。不是自己太懦弱,而是敌人太强大,来自本性的诱惑,不断地撞击着道德的防线,一刻的松懈,就是无尽的深渊。可能这样的说教很书面,但同时在我脑海里浮现的,还有那些跪在栏杆边的身影,满面泪水的面庞,一声声撕心裂肺的叹息,以及看守所门口那个老母亲喊出儿子名字的那一声……

在这充满诱惑的尘世,最好还是能告诫自己:"战战兢兢,如临深渊,如履薄冰。"

魔高一尺，道高一丈

> 法律的生命不是逻辑而是经验。
>
> ——霍姆斯

昨天晚上接到电话，让我今天早上4点到单位准备"找对象"。

作为一线侦查员，大部分情况下对自己负责的案件都已开展了一定的初查，对于什么时候该干什么的"套路"基本都有了较为全面的认知，但偶尔也会有这样的工作安排：不知道抓谁，不知道去哪儿，但是要在指定时间到达指定地点待命，然后由科长、组长亲自带队或者指挥去某个地方"找对象"，这个人可能是案件对象，也可能是证人或者是案件对象的特定关系人（亲戚或者情人等），准确情形往往只有个别人知道，我们这些"帮手"基本要到对象都找到后才会了解。

和电影、电视剧不同，反贪干警外出办案，很少穿制服，基本上都是着便服，除非是去公安、工商、税务、银行等第三方调取资料，同时也很少开警车。如果小区门口停着一辆警车，楼上心虚的案件对象或许会警惕心大增；如果有几个身着检察制服的干警进入某机关大院，或许无风也会激起三重浪。

这次要查办的案件有点不一般。我早上3:30到单位时，发现朦胧的晨曦下，局长办公室的灯已经亮着了，停车场里停了四五辆熟悉的私家车，掰掰手指头，反贪各科的兄弟们基本都到齐了。

4点钟，准时开了一个短会，各侦查科的科长和一大半的年轻侦查员都到位了。会上没有详细介绍案情，只简单说是半个月前侦查一科根据实名群众举报而发现的线索：一个国有招投标公司（专门为国有大型企业提供招投标服务）的副总经理田某，涉嫌和其他社会人员合资开设皮包公司,专门向投标单位泄漏招标内幕信息、联系陪标单位、从事违规掮客等业务,从中获利数千万,有行、受贿犯罪的重大嫌疑。

由于持续时间长,案情复杂,涉及的人员、单位、招标项目较多,涉案金额较大,稍有不慎,很可能前功尽弃,故局领导经讨论决定,聚集全局力量,一举而成事。各侦查科被分成六路。第一路去田某家中"带对象";第二路去皮包公司查封账册资料;第三路、第四路分别去皮包公司另外两个核心人物孙某、龙某的家中"带对象";第五路在院里负责接应带回来的对象,以便及时开始询问(讯问);第六路机动待命。此时我才知道,第一路的几位同志昨天晚上就没有回家,一直跟着田某从单位下班到其住所,在楼下熬了一个通宵,确保第二天不会无功而返。我被安排在第二路,和朱副科长、小潘一起去皮包公司查封账册资料。

为保证程序正当,每一路都由检察官带队,至少两人同行,带齐工作证、介绍信、传唤证、搜查证等文书材料,确保万无一失。

早上6点不到,我们第二路三人已经到达皮包公司楼下,为免目标过大,打草惊蛇,从7点开始,每15分钟便由一人步行到办公楼楼下,确认皮包公司是否有人上班。在第一、三、四路都传来消息之前,我们只能按兵不动,以免走漏消息。首先传来捷报的是第一路,田某在早上7:30下楼上班之时,就被第一路的同志直接带上车,带回了检察院。到8:30,第三路传来消息,孙某也从住所楼下被带回院里。第四路一直没有见到龙某下楼,于上午9:30上楼敲门,直接把龙某从家里带回院里。十分奇怪的是,我们这一路一直守到9:30都没有见到有人来这个皮包公司上班。由于三个主要嫌疑人都已经被控制,我们也决定主动出击,直捣黄龙。公司铁将军把门,我们叫来商务楼的物业。据物业讲,这个办公室从两周前就没有人来上班了,由于这个公司租金、物业费都已交齐,物业公司也没有过问。在我们出示了工作证和搜查证后,物业经理找到备用钥匙,为我们打开了该公司办公区的大门。在物业经理的见证下,我们在各个办公室里仔细找了一圈,发现办公桌上竟然没有一台电脑,只收集到一些最基本的纸质企业资料、财务账本、业务资料都没有找到。感到事有蹊跷的朱副科长第一时间向局里做了电话汇报,随后我们将所有能够找到的可能有价值的材料都带了回去。

折腾了一番,我们回到单位已经是下午2点多。和其他几路兄弟一交流,发现审讯工作也不是很顺利。田某、孙某、龙某三人明显有所准备,矢口否认相关事实,对于三人之间及各自同皮包公司之间的关系,则一律三缄其口,最长的审讯已经断断续续进行了七八个小时,但案情一直都没有突破。

遇到这样的情况,局领导压力也很大。实际上,反贪局的领导们压力一向都很大。办不出案子,上级不开心,领导压力大;办出了案子,其他单位不开心,领导也可能会有一些压力;案子正办着,有人来打听,甚至有人来干预,领导的压力更大。为打破僵局,局领导们决定扩大侦查范围,主动出击。

几路人马再次出发,分头去社保中心、税务局、银行。等我们都回到局里碰头时,已经是晚上7点了,而在审讯室的弟兄们都还没有吃晚饭。好在多方收集到的资料粗略呈现了这个皮包公司近几年的企业情况、资金流水,资深的侦查员从中也发现了不少蛛丝马迹。首先,在该公司的员工中,有一个办公室行政人员,是一名退休返聘人员,每个月的收入高达一万元,比办公室主任的收入还高,基本相当于企业高管。经过进一步侦查发现,这个人是田某的叔父,其实并没有在该公司实际上班,是代田某收取好处的一个身份而已。其次,我们还发现,这个皮包公司为节约行政成本,委托了一个财务公司负责日常的财务申报等工作。次日一早,我们的侦查员就匆匆赶往这个财务公司。另外,我们从税务局调取的该公司开具的各类增值税发票中的对方单位抬头,在之后办案中也提供了很多帮助。

田某的近亲属作为特定关系人,挂名在该公司领取薪酬,因为实际上没有提供对应的劳动,根据相关司法解释,与直接接受财物没有实质区别,其名下所得的全部收入可以认定为受贿金额。几位反贪"老法师"抓住这一点,扣住了田某的脉门,首先对其予以立案,并借势对其展开猛烈"攻势",田某很快就败下阵来。

据田某供述,自开设这个皮包公司以来,田某负责透露消息,孙、龙二人负责在外招揽业务,生意做得风生水起,三人也是赚得盆满钵满。但最近可能走漏了风声,越来越多的人关注到这个皮包公司,其中有不少是懂行的竞争对手。田某为人谨慎,决定见好就收,于是和孙、龙二人商议,专程高价咨询了一名刑事辩护律师,针对反贪局可能的侦查手段,采取了不少"损招":在上月遣散了全体员工,关闭了公司,将单位电脑和业务资料、财务账本都藏匿起来,将三人的通信手机连同 SIM 卡一并销毁,三人还达成攻守联盟,决定如果出事,就一起采取死扛硬顶等方法对抗侦查。而且,田某已经委托家人在澳洲购置了房产,准备再过两个月就着手办理移民,可以说是将反侦查做到了极致。

从侦查人员的角度而言,这些反侦查的手法都是有效的,的确对侦查工作造成了较大的困扰,但这样的做法也可能会激起侦查人员的斗志,使其越查越勇。世上没有绝对天衣无缝的计划,只是看对手有没有这个能力、有没有这份决心去发现其中的蛛丝马迹。

另一方面,这个世界上最多变的就是人心,再铁的哥们也不可能永远都打一样的算盘,只要是不同的人终究有不同的弱点,就像"短板效应",其他方面防备得再严,只要有一个方面有所欠缺,照样会功亏一篑。

在田某交代得差不多的时候,其实孙某也开口了,当我们告知他田某已经被立案的事实后,他的内心就松动了。其实,在有多名行贿人的职务犯罪中,存在一定的竞争关系。《刑法》第 390 条第 2 款规定:"行贿人在被追诉前主动交待行贿行为的,可以从轻或者减轻处罚。其中,犯罪较轻的,对侦破重大案件起关键作用的,或者有重大立功表现的,可以减轻或者免除处罚。"这里的"被追诉前",根据两高相关司法解释,是指检察机关对行贿人的行贿行为立案前。也就是说,孙某和龙某作为同一案件的行贿人,首先主动交待的那个,就可以适用这个从轻、减轻甚至免除的条款,而一旦一方交待,检察机关势必进行立案,另一同案犯就失去了在追诉前主动交待的机会。在这样的心态下,孙某先于龙某承认了行贿的事实。

在田某、孙某都承认的情况下,最后坚持着的龙某也失去了顽强抵抗的意义。

若要人不知,除非己莫为,将自己的命运押在别人的身上,其实是需要冒很大风险的。任何人都有私心,为了自己的个人利益和身家性命而出卖"盟友"的故事,我们实在是见得太多了。这次的案子,我们是幸运的,田某的叔父是关键突破口,没有这个口,我们就缺少一个扎实的立足点,这三个人的计划确实有生效的可能性,整个反贪行动都有可能要无功而返。反贪办案从来都不欠缺失败的教训,有些人,我们明知他们有非法行为,收受了非法利益,但苦于缺乏证据,没有办法将他们绳之以法。善恶不是终有报的,反贪做久了,抓过的人和放过的人都会越来越多,这也是不断提升的过程,关键是要让自己能力更强、观察更敏锐、审讯更有力,因为如果要和魔鬼战斗,就一定要比魔鬼更强大!

凡事就怕"认真"二字

法者,治之端也。

——《荀子·君道》

前不久,城东检察院反贪局向我们局移送了一个线索。

线索移送制度是在反贪局查案的管辖原则基础上建立的。反贪局查办案件基本遵循属地原则。通俗点讲,职务犯罪的当事人所任职的单位或者其上级单位的注册地或者主要经营地基本上应该在反贪局的辖区内,而行贿案件,则基本上以受贿人单位所在地为准确定管辖。如果有特殊情况,希望办案的反贪局也可以向上级反贪局请求指定管辖。

一个反贪局在办案时发现有犯罪嫌疑人(如行贿人向多个受贿人行贿的)或者同案犯(如和其他单位共谋,欺上瞒下,使用类似手段贪污、挪用公款的)在其他辖区,自己没有理由或者不准备破例查办的,就会通过线索移送机制将该线索移送给有管辖权的反贪局。这样就避免了因管辖因素而产生的线索浪费,是一套行之有效的资源交流机制。这种案件我们很是喜欢,基本上行贿人已经被突破或者犯罪"套路"都已经被摸清,再顺藤摸瓜,办案自然容易很多。

城东检察院前不久查办了一批工程建设领域的案件,其中有一个供应商提供了一个线索:我区质检局的毛局长多年累计收受了洪姓供应商数十万元的贿赂,并且帮助这个供应商打败了不少竞争对手,形成了一家独大的局面。我们围绕这个线索开展了初查。

据外围调查,毛局长是个军队转业干部,三十年前从部队转业到某街道工作,先后任副科长、正科长;之后被调至区质检局任职,一路扶摇直上，在五十岁的时候成了副局长；五十五岁那年，毛局长终于被扶正，成了一把手。线索中洪姓供应商的情况也和本区某质量检测设备供应商洪某情况基本吻合。人都找到了，方向就明确了，接下来就是收集情报。

前往出入境管理局的丁哥传来第一个"坏消息"：这个洪姓供应商名下企业尽管还在运营，但他两年前已经全家移民澳洲，他本人这两年都没有回国记录，对公司都是远程遥控，无法找到本人进行对质。

前往房管局的陈哥传来第二个"坏消息"：毛局长和他的妻子、儿子名下均无房无车，毛局长至今还住在其父母名下的房产里，其他直系亲属也没有异常的名下房产。

在各大银行兜了个遍的我带来第三个"坏消息"：毛局长和妻儿名下均没有超出正常收入的异常存款。

从侧面了解毛局长为人的许组长传来第四个"坏消息"：毛局长平时上下班骑自行车，衣着朴素，每天朝九晚五，生活规律，晚上和周末没有很多的应酬，最大的爱好是打乒乓球，锻炼身体。

接二连三令人泄气的消息，让我不禁怀疑，这个毛局长貌似"完人"，似乎是无欲无求，又缺乏洪姓供应商的对证，我们是不是该放弃这个线索？但范科长和朱副科长却并不这么认为，首先是该线索不是空穴来风，具有值得一查的价值；其次是已经移民的洪姓供应商，的确曾有过一段风光无限的好日子，且和区质检局多次力挺的大合同有关，即便不是毛局长支持，其他局领导也有可能有问题。所以，领导决定珍惜线索，继续侦查，我们做小兵的，只有服从命令，继续深挖。

事实无数次证明，反贪查案不像电视剧，有那么多峰回路转的情节，真正能够帮助办案的，还是老侦查员敏锐的分析能力和精准的侦查方向。

丁哥通过毛局长所在的居委会了解到，他们家15岁的儿子并不和他们同住，且在另一区的某民办中学读书，学费不菲。

随后被派出去的陈哥也反馈，毛局长的儿子也不和他的外公外婆同住。

就是说,毛局长的儿子可能住在毛局长另一处未被我们发现的房产里。听着几位老侦查员的分析,我们几个小年轻茅塞顿开,越听越来劲,仿佛置身福尔摩斯的探案故事之中,表面看起来似乎无案可查的线索,却被"老法师"抽丝剥茧出那么多可能性来。根据"老法师"的安排,我们几个小年轻又出发了。

考虑到毛局长身为单位一把手,直接去该单位开展工作容易打草惊蛇,直接去其上级单位也未必妥当,于是科长们让陈哥去区公务员局和财政局调取他的部分档案和近几年的收入情况。经与之前调取的银行流水比对发现,毛局长名下虽没有巨额存款,但他工资卡上的钱,近五年来几乎一分没动,只是陆续用于购买理财产品,没有其他取现或转账的记录;其妻的银行账户里,也是存多支少。这一现象说明,毛局长一家很可能有另外的经济来源。

刘哥和小潘去毛局长儿子的学校蹲点,跟随下课后的小毛走进学校附近的一个高档小区,却被门卫拦住了。第二天,刘哥和小潘提前找机会遛进小区,守株待兔,等了两个小时,总算确定了小毛所住的住宅号和楼层。

经过房地产登记查询,小毛所住的楼层有一套属于洪姓供应商名下的房产,洪姓供应商与毛局长之间的关系,总算逐渐浮出了水面……

心里渐渐有底的两位科长,安排振奋不已的我们开始了跑断腿的调查旅程,虽经历无数次的无功而返,我们还是收集到不少辅证和线索。比如,毛局长的妻子和儿子这几年的寒暑假,都曾多次出游澳洲,且每次逗留时间较长;洪姓供应商名下企业至今仍在本区拥有垄断优势……

量变引起质变,两位科长将具有潜在证据价值的众多材料一起送到会议室,经过局务会的讨论,决定结束初查,找对象,上案子。

毛局长被请到审讯室的同时,洪姓供应商手下的常务副总及多名业务骨干也都被请到检察院,在交叉审讯和证据攻势下,多名行贿人和知情人都"开口"了。毛局长也供认了自己的受贿事实。

后来，在毛局长的办公室里，我们又搜查到了现金十余万元，金件若干。

　　可能有人会问，何必花那么多时间，浪费那么多精力在外围兜兜转转，既然有人举报，就先抓来审，不就审出来了？诚然，在很多侵犯财产类和侵犯人身权利类刑事犯罪中，初期往往是发现了犯罪事实，但是无法确定犯罪嫌疑人，然后花费百般周章，走访排摸，才能从茫茫人海中找到犯罪嫌疑人，一旦找到嫌疑人就很容易破案了。但是，职务犯罪往往是先发现可能的犯罪嫌疑人，再反过来去寻找可能的犯罪事实，表面看起来似乎是容易些，事实上却未必。职务犯罪有其特殊性，基本上要有五分把握、七分可能，才会出手。在我们收到的各类群众举报中，人身攻击、夸大粉饰、偷换概念、无中生有等情况都是常事，如果不问青红皂白，就像明朝的锦衣卫，身着飞鱼服，手持绣春刀，一旦听到风吹草动，出手便抓，无论认不认，都先来一顿严刑拷打，当事人会多么委屈和寒心？贪污受贿者，罪有应得，但诬告陷害者，同样可恨，被误会诬告者，更是委屈。如何区分这几种情况，不仅需要智慧和能力，更需要异常谨慎的态度，这也是对自己肩负的法律职责的一种尊重。不放过一个坏人的前提，是绝不诬陷一个好人，因为即便抓对了一万个罪有应得的罪犯也无法抵消一个不白之冤。体现在我们的实际工作中，就是大胆推理、小心求证、勤于分析、慎于出击、不鸣则已、一击即中！

要升迁，先找路

> 认识法律不意味着抠法律字眼，而是把握法律的意义和效果。
>
> ——塞尔苏斯

拿破仑说，不想当将军的士兵不是好士兵。这其实是鼓励每个人都要有自己的人生目标，让目标驱使我们去努力奋斗、去规划未来、去战胜困难。在中国的公务员和国企队伍里，"不想当将军的士兵"其实有很多，因为公务员和国企职位在很多国人的眼中，代表的不是广阔的上升空间，而是安稳的"铁饭碗"。在检察院里，就有很多在工作中安于现状的同志，在老同志和已为人母的女同志群体中比较明显，他们在体制内享受着稳定的收入、固定的作息、良好的社会地位，工作之余尽情享受天伦之乐或者自由自在，这已经足够令他们满足。

但其实，即便不想当"将军"的"士兵"们也有自己的升迁梦，因为提高职称和职级，就代表着更多的收入、体制内更高的地位和更多的尊重，这也符合马斯洛需求层次理论中尊重需求和自我实现需求的观点。

有句话说得好，没有无缘无故的爱，也没有无缘无故的恨。这点在干部任用、升迁、任免的过程中，有时也适用。中华文化博大精深，中国的官僚文化更是融汇了中华上下五千年的诸多智慧，不少深谙此道之人，能游刃有余，发挥自己的优势，利用其他人的劣势，从中获利。作为上通下达的人力资源部门，自然也是其中重要的一环。

坐在我对面的，是某国企人力资源部副主管戴主管；在隔壁两个审讯室的，一边是他的上司，人力资源部主管李主管，另一边是他的同仁、人力资源部副主管钱主管(女)。这样同一部门中层干部一锅端的情况并不少见,但同时进入审讯室的倒是难得。我们以前也遇到过部门正副职之间、领导与下属之间相互勾结、沆瀣一气的,当行贿人疏通、打点时,大家"雨露均沾",形成你中有我、我中有你、利益均沾、互不揭发的局面。这种形态一方面相对稳定,另一方面也很危险,一荣皆荣,一损俱损,很难有独善其身者。因为同是"一条线上的蚱蜢",只要一个出事,个个都难幸免。往往都是案发后先抓进来一个,立案之后又供述出其他同案犯,然后再滚雪球式地不断叠加"效果",直到把"蚱蜢"都抓干净为止。

李主管在这个国企是个资深员工,摸爬滚打,从基层业务员熬到现在的部门主管,很是不易。年近六旬的李主管自知已是老骥一匹,再无千里之时。人无远虑,必有近忧,人无远志,势必短视。李主管意识到自己临近退休,"有权不用,过期作废",埋头苦干不如趁自己在位"捞上几笔",为晚年留些积蓄。自从有了这样的盘算,李主管时时刻刻都在琢磨着手上有哪些权力可以"兑现"。

由于整个行业的疲软和市场的竞争,李主管所在国企的财务报表上已经多年没有盈利。上级单位有意将该企业进行小规模改组,将一些产值低、盈利弱的部门和相关人员进行"剥离"。为保证改组效果,上级单位及本企业领导班子成立了"核心小组",小组成员都签署了保密协议,对改组计划保密以免在企业内部引起过大的波动。但保密的只是改组计划,而不是改组这件事,企业内部瞬间一石激起千层浪,各部门有人欢喜有人愁,而更多的人是迷茫,反倒是李主管从中发现了"机遇"。

人力资源部门在此次的部门、人员大调整中发挥着重要的作用,各部门的人员基本情况、工作业绩都需要由人力资源部门整合上报。更关键的是,核心小组在制定改组方案的过程中,都需要人力资源部门根据可能的改组方向,相应地制订多套具体的人员调整方案作为决策的依据。尽管核心小组不会将最终方案提前透露,但经验丰富的李主管从各种蛛丝马迹中自然而然获取了大量情报。

李主管掌握了这些有价值信息后，手里的员工花名册上，已经不再是一个个人名，而是被"替换"成了一张张人民币。

　　李主管首先是向几个部门主管稍稍透露了自己获取的改组现状，他家的门槛立即被闻讯而来的人快踩平了。无数人趋之若鹜，想从李主管口中获得有价值的信息。随着改组计划的雏形不断完善，特别是诸多可能要被"剥离"的部门负责人和员工，都希望在方案落地之前调离原有岗位，以保留自己的国企员工身份。这时，掌握人员调动执行权的人力资源部门，简直是成了众星捧月般的存在。

　　"一个好汉三个帮"，李主管感觉时机成熟，贪心耸动，于是便和手下的戴主管、钱主管一起商议，决定利用这一次企业改组，攫取一些"实际利益"。三人约定，最后收益李主管分一半，钱、戴各分四分之一。

　　此后，李主管向前来打探的员工表示，要调整岗位也不是不可以，但需要向整改小组各级领导"汇报""打点"，需要一笔不菲的费用。于是，不少员工为了保住铁饭碗，各显神通，整个企业一时暗流涌动，人人自危，不是担心被剥离，就是怕自己的位置被其他人顶替。

　　由于整改方案需要上级单位层层审批，整个流程前前后后走了大约一年左右，期间有二十余个岗位在三人的刻意操作下被调整，三人也共计获得了一百五十余万元的非法收益。

　　这件事的案发很正常，某个被调动岗位的员工几番思量，觉得自己这笔钱出的"冤枉"，便单独来到总经理办公室向领导求情，想要回自己的投入，领导这才发现有人狐假虎威、暗度陈仓。

　　随后，案发企业着手开展自查，李主管等三人见势不妙，随即向企业领导坦白，犯罪所得也如数上缴。但面对民愤四起的员工及兴师问罪的上级单位，企业的班子成员考虑再三，还是决定由企业党委书记、总经理、纪委书记一起"押"着三人来到检察院，向检察长和反贪局的领导将此事的来龙去脉讲清楚。反贪局当机立断，将这个窝串案交由我们二科处理。我们当天就以涉嫌受贿罪将三位主管带到了审讯室。

　　我们组负责提审的是人力资源部副主管戴主管，他对自己的所作所为供认不讳，但几乎供述全程都在推卸自己的责任，将主谋者、执行者、最大受益者的帽子都往李主管的头上扣。隔壁的另一位副主管钱主管也是同样的情况，而在顶头一间审讯室里的李主管则是在不停狡辩自己的行为不属于犯罪。

对三人顺利采取立案和刑事拘留后，我们在科务会上汇总了三名犯罪嫌疑人的主要辩解及相关情况。

李主管辩解，该系列事件并不是受贿行为，只是整个部门领导层协商沟通后的为部门"谋福利"的行为，获得的钱款也是放进部门"小金库"，不是归个人所有。

戴主管和钱主管都声称自己是从犯，受贿金额皆为实际分得的三十余万元，主犯是李主管，他应该负主要责任。

案发企业向我局请示，三人在纪委认罪时，退缴出一百五十余万赃款，其中一部分已经返还给行贿者，剩余现金现在企业纪委处保管，应当如何处置？

围绕以上三点，在李科长的主导下，科里进行了小规模的业务学习讨论，全体干警各抒己见，最终讨论结果如下：

其一，李主管的辩解，是站不住脚的。尽管部门三个主管私下协商一致，但这一行为明显是谋私行为，是以侵害企业公平、正义、秩序等整体利益为基础，以权换私的行为，因此，三人的协商只是为了犯罪和分赃，和集体利益无关。更何况，相关赃款实际上都是进入三人的私人账户，也无法圆其部门集体利益之说。

其二，关于主犯从犯的认定，尽管应该由公诉部门在审查起诉阶段认定，并以法院审理后的生效判决为准。但在侦查阶段，为便于对案件各犯罪嫌疑人初步定性及作为是否提请批准逮捕等程序的重要参考，我们会在内部有所确定，并以此预估犯罪嫌疑人可能的刑期范围后制订侦查计划和审讯策略。这三人的行为明显属于共同受贿，三人共同或者分别利用自己职务上的便利，非法收受他人财物，为他人谋取利益。从现有的证据来看，无论是职务大小、起意先后、犯罪中的实际作用，还是获利分成的比例，李主管都更可能被认定是主犯，应当对其所参与的或者组织、指挥的全部犯罪金额承担法律责任,而戴、钱两人希望仅以实得金额承担法律责任的算盘估计也是打不响的。在我们所属地区的司法实践中,对于共同犯罪,往往都是以犯罪嫌疑人犯罪故意所指向的并为其犯罪行为侵害的总额作为认定金额,然后根据相关法律规定对从犯进行减免处罚。至于对这两人从轻、减轻还是免除处罚,则要进一步根据实际情况来分析,不是侦查阶段必须决定的事项。

其三,对于赃款的处理,出现了两派意见。一派以朱副科长为代表,认为这些钱都是相关员工给犯罪嫌疑人的受贿款,属于犯罪所得,在纪委的部分应当由检察机关依法扣押,已经返还行贿人的,很有可能需要追缴。其理由是,在实务中,职务犯罪缴获的赃款赃物主要有两个去向:一是法院判决后,判决中认定为受贿和违法所得的要上缴国库。其逻辑在于,行贿者通过行贿行为,获取了非法利益,这样的行为本来就是不被法律所允许的,涉案款项,自然应当属于赃款,应当上缴国库;二是法院认定为贪污、挪用公款等性质的赃款应当发还受害单位,这也是情理之中的。此外,如果因证据不足等原因,法院未认定构成犯罪的涉案款项则会退还给犯罪嫌疑人或其家属。

另一派以许组长为代表,他们对于在纪委的部分赃款应当由检察机关依法扣押没有异议,但对于已经返还行贿人的部分是否需要追缴存有不同的意见。主要理由是,这些员工之所以向三人行贿,存在一定的被动性,其实质是,三人利用职权对员工进行索贿。实务中,有索贿情节的行受贿案件中,如果行贿者没有获得非法利益(只是获取合法利益),对于行贿人往往是从轻或免于处罚的,因为行贿者的行贿行为是被迫的,其主观上没有违法的故意。此案中,三人掌握了员工职务调整的"生杀大权",员工不得不行贿以获得调岗机会,主观上不能直接推定员工有行贿意愿。尽管行受贿案件的赃款没有具体规定,但是如果行贿者缺乏犯罪故意,对于其行贿款予以返还也有一定的法理依据。对于这个争论,科里一时没有达成统一的意见,范科长于是回复该企业,先将现有款项按规定移送检察机关,以后随案移送,至于已经被返还的部分,先全部登记造册,暂不追缴。

很多时候,当事人及家属向侦查机关了解情况时,侦查人员只会回答一些场面话,里面有很多"可能""应该""不清楚""不确定"等看似推脱的字眼,其中可能有保密的需要,也有敷衍的可能性,但更多是因为不到案件最后判决生效的一刻,很多情况都会有变数,有可能是事实的变化(突然出现的新事实或者新证据,犯罪嫌疑人突然翻供等),也可能是法律适用的变化(新司法解释的突然出台等),这就养成了侦查人员逢人只说"三分话"的习惯。有经验的检察官、法官或者律师,往往能从侦察阶段的一些细节上(如程序上适用的不同流程、各个环节所使用的时间等)再推测出"三分"真相,而剩下的那"四分"就只有侦查人员自己知道了。

该案最后判决结果是,李主管、戴主管、钱主管均被认定为受贿罪,受贿总金额为158万元(142万现金,其他有价证券、财物16万元)。三人均被认定为自首加坦白,退赔大部分赃款。李主管被认定为主犯,判处有期徒刑11年,戴主管、钱主管为从犯,分别判处有期徒刑6年6个月、6年。对于我们争议过的索贿及赃款,判决书认定三人行为属于索贿,对于受贿赃款的处理,只是笼统地写了一句"收缴国库"。

据了解,案件进入法院审理阶段后,法院、检察院、案发企业围绕此事进行过讨论,结合案情和实务,认定此事为索贿,对企业内部二十余名行贿者不予追究。虽然行贿款本应全部作为赃款收缴国库,但企业反映涉案员工群情激奋,又有索贿情节,确有可原谅之处。经过商议,对涉案款进行了分类处理:对本来就符合晋升、调任条件的行贿人的涉案款,予以返还;对在晋升、调任过程中存在弄虚作假等违规情况的,行贿款作为赃款收归国库,不予返还,让涉案人员无话可说。综合考虑,这已经是情、法、理高度融合,非常体现我国国情、法情的一个结果了。

工作几年后发现,很多实际案件,是无法如同法学课本上一板一眼的教学案例那样立即获得一个标准答案的,有些疑难案件,从情、法、理角度都各有各的依据和结论,如何同时做到依法办案、依法判案,还能把后续相关的尾巴收拾干净,不留麻烦,这才是更考验中国司法者智慧的事情。

毛主席的《奋斗自勉》里有一句:"与天奋斗,其乐无穷!与地奋斗,其乐无穷!与人奋斗,其乐无穷!"在中国,情是人与人之间的纽带和牵绊,理是法生长发育的土壤和基石,而法则是正义的艺术。每一个法律人,特别是司法者和执法者,都不停地在三者之间徘徊,寻找着其中的平衡点,体会着其中的万千智慧,也领略着其中的无限魅力。

一个"熟人"

> 在一个法治的政府之下,善良公民的座右铭是什么?那就是"严格地服从,自由地批判"。
>
> ——边沁

许组长平时是个比较安静的人,常常看到他端着一本书,台上放着一个保温杯,一坐就是一下午。但这两天许组长很兴奋,一直在办公室、档案室、领导办公室之间走进走出。尽管很好奇,但我一直没有开口问,因为尽管是一个科的,但我们分属两个办案组,朱副科长、陈哥和我是一组,许组长、丁哥、刘哥是一组,小潘作为辅助文员,不固定在一个组里。大家平时基本上都是围绕各组的线索各自开展初查,只有遇到重大、复杂案件或者到了案件突破阶段,科长会组织全科召开线索会,汇总信息,统一行动。而在科长牵头之前不去主动探听别组负责的案子,也算是一个小小的忌讳,因为一旦提问,对方回答了,就是违反保密规定,不回答又显得不给面子,容易尴尬。

过了两天,丁哥特意来串门,请我们喝下午茶,有奶茶和糕点饼干,大家边喝边聊。丁哥主动说起了案情,原来是一个国有企业的上级公司发现子公司账目有问题,特意派了检查组去查账,越查越有问题,就冻结了子公司账册。前不久他们主动上门,请求我们协助办案。案子涉及很多账册税单,属于许组长的专长,案子自然是落在他的手里。单是复印材料,小潘就在他们公司待了整整两天。丁哥前脚刚走,陈哥就悠悠地跟我说:"小刘啊,刚才老丁那是黄鼠狼拜年,吃了这些东西,我们过几天估计就得加班。"

果不其然,下午科长就召集了科务会,鉴于案情较为复杂,案件对象比较多,安排我们组配合许组长组一起办案,会上还交流了现有的证据和线索。令人忍俊不禁的是,丁哥在汇报案情时,我眼里看到的就是一个"人形黄鼠狼"。

次日,朱副科长带我去涉案子公司取证。接待我们的是该子公司的副总经理徐总。徐总戴着金丝眼镜,看起来儒雅睿智、文质彬彬,特别像我大学里年轻的民法老师。原来,这个子公司的有块业务发展得异乎寻常的快,三年间已经创造上千万的收益,随后总经理和分管该业务的副总突然先后离职,此块业务也瞬间缩水,难以维系。上级公司觉得事有蹊跷,便将原先负责行政的徐总放到主持工作的位置上,要求他一边整顿业务、一边收拾残局。所幸徐总不辱使命,不仅稳住了分崩离析的业务体系,还把大部分重要的财务报表、档案资料都保存住了。他如数家珍般地侃侃而谈企业的情况,具体翔实而不浮夸,为我们省去了不少工夫,对企业的相关情况有了清晰的认知。听说,上级公司对徐总的"救火"成绩很满意,估计此事了结后,他会有再一次升职的机会。

随着这个子公司原总经理和分管该业务的副总及几个行贿人落网,案件侦查范围不断扩大,案情也更加复杂。局长组织召开了局务会,安排侦查一科、侦查三科调派人手配合我们科办案。

这两个月来,工作开展得如火如荼,也是硕果累累。该子公司原总经理、副总、两三个主管、几个关键的业务员,还有好几个行贿人,都已经进了看守所。出于避免串供的考虑,同一案件的相关人员必须关在不同监房,现在这个窝串案的犯罪嫌疑人已经把看守所的各个楼层都"占满"了……

涉案人员一多,案件的线索和证据就开始交叉,各科经常需要互相交换证据。

今天,在复印侦查一科一个证据材料时,突然发现一本卷宗的封面写着徐某某的名字,我觉得好眼熟,一时又想不起来。恍恍惚惚地到了下午,突然灵光一闪,我打开笔记本,在名片夹里找到了这个"熟悉"的名字,想起了不久前那个和我们侃侃而谈的徐总。

行贿人老陈，是一个在行业里摸爬滚打三十几年的老江湖，从十四岁来到这个城市做搬砖工，到小工头、小老板、老总，练就了一身"见人说人话，见鬼说鬼话"的本事。为了"撬"开他的嘴，侦查一科唐科长可谓费尽了心思，也磨破了嘴皮子。一方面，唐科长通过前期外围调查和几个行贿人的互相指正，对于老陈的底细已经了如指掌。另一方面，多名受贿人都已经被立案调查，外界早已是风声鹤唳。邪不压正，老陈刚进审讯室心里就没有底气，扛不住压力开了"尊口"。

前几年，老陈在和这个子公司原总经理、副总打交道的时候，为获取不一般的利益，各类好处实在没少给，自己自然也是赚了个盆满钵满。两年前，名不见经传、负责公司行政工作的徐总突然上台，几个相关业务的老板一时摸不清他的路数，心中开始了盘算，几个老板几次三番邀请徐总出来吃饭都被婉拒。无奈之下，几个"老狐狸"推举徐总的同乡老陈去直捣"黄龙"。在徐总的办公室里，两人攀谈起来，但徐总一再打太极，就是不在老陈等人最在意的业务问题上表态，这般毫无价值的交谈持续了一个小时。老陈心想也不能白来一趟，从口袋里掏出一个早已准备好的小信封，临走时放在徐总的桌子上，徐总还没来得及反应，老陈就匆匆离开了。徐总打开信封一看，里面是一根50克的小金条。徐总几次联系老陈，但老陈就是不见面，金条最终也没还上，时间一久，这件事也就不了了之了。刁钻的老陈还同其他几个相熟的老板说了此事，几个人也不甘落后，轮番故技重施，各自都在徐总的桌子上留下了些什么。这些东西，平时看看是礼品，但到事发之时，就成了"毒品"，最终毒倒了徐总。

有的时候，主席台和审判台只是一步之遥，高管和高墙只有一墙之隔。因为特别惋惜，我故意避开对徐总的任何一次提审，实在是不想在看守所里看到他的另一番模样。翻阅卷宗里曾经意气风发的徐总亲手所写的忏悔书，我都能感受到他的后悔。

反贪局的任务不仅是抓住腐败的蛀虫，也要弘扬应有的正气，但有时，我更恨那些养肥蛀虫的土壤，他们肮脏、卑鄙，利用着人性的弱点，肆意为恶，尽管也会受到法律的制裁，但往往因为自首、坦白、立功等原因获得轻判。法律是一杆大秤,高高在上,坚持着对于绝大多数人的公正和公平。而我,尽管只是一个小小的侦查员,也有自己的一杆秤,在我的心里,有的人偏重,有的人偏轻,尽管我内心"小秤"的小小偏移未必能改变事实或者法律的裁判,但我在坚守、维护法律这杆大秤的同时,也坚持、保留着自己的这杆小秤。

  这几年的办案中,面对的有能力卓绝的骨干、知识渊博的学者,也有独当一面的领袖,但都前仆后继,跌倒在这个被警钟长鸣了无数次的"坑"里,实在是令人唏嘘。在西方天主教的教义中,为人类定义了七种原罪,分别是傲慢、妒忌、暴怒、懒惰、贪婪、暴食及色欲。我觉得其中最令人难以抵御的,就是贪婪。无论天赋、性格、智商、情商、家庭素养或者是知识结构多么迥异,都不能令人完全免疫,世人都希望占有比所需更多,但得到必有失去,非分地获取,伴随的可能就是公平的惩罚。获取可能是一时的,但惩罚往往是一生的。

爱的代价

> 幸福的家庭都是相似的；不幸的家庭各有各的不幸。
> ——列夫·托尔斯泰

今天是司法审计中心的审计师带着几个徒弟在我们局会议室里加班工作的第三天了。司法审计是对一些经济刑事犯罪，由具有审计相关资质的第三方对案件证据或者材料进行审计，从而确定犯罪金额的工作。在职务犯罪中，贪污、挪用公款、巨额财产来源不明等类案件往往都需要进行司法审计。我国《刑事诉讼法》规定，犯罪嫌疑人精神鉴定时间不计入审理时限，但司法审计时间却不能享受这种待遇，所以为了在有限的时限里得出最终的审计报告，审计中心经常会和我们一起加班加点。这次是许组长负责的一个案件，证据又多又杂，许组长也天天埋在卷宗里，他的发际线感觉又更往后了一些。

涉案的是一对母子，年过六旬的张母和儿子老张，也是我办案生涯中印象非常深刻的一对母子。

老张是某大型国企的普通员工，负责这个企业生病员工的医疗、丧葬等事宜，具体地讲，就是负责经办生病员工工伤、生病及去世之后的医疗报销、丧葬处置等事宜，一些因工伤而长期卧床的员工，也由他负责安置、服务保障等工作。老张在这个岗位已经干了十多年，从普通员工到项目经理，上面的领导换了几茬，他一直没有改变岗位，不停更迭的领导也没人对这项工作上心，所以对于这个项目，他成了"权威"，是该企业唯一真正懂行的人。由于大型国企的传统和企业文化，对于这类费用报销的制度相对较为宽松，一般由具体工作人员和病患单线联系，上级领导和具体工作人员也是单线交流。时间久了，老张的心思也变得"活络"了。

张母是个女强人,退休前是个国营小厂的厂长,做事说一不二,甚至有点独断专行,退休之后心理落差比较大,每天只能对着老公和儿子呼来喝去。心思活络的老张和有力气没处使的张母一合计,两人仿佛同时找到了人生的新方向。

此后,张母注册了一个皮包公司,专门开具医疗服务、医疗器材的发票,供老张以各类生病员工的名义向上级公司进行报销,并瞒天过海,将报销款收归己用。刚开始时,老张只是虚增金额,将张母公司开具的发票夹杂在普通员工上交的发票之中。时间渐久,老张发现自己的行为一直没有被发现,便更加胆壮心肥,一发不可收拾,甚至虚构病人、虚设环节报销。几年下来,张母和老张空手套白狼,赚了个盆满钵满。

大部分情况下,职务犯罪都是金额由小变大,从量变到质变的过程。在行受贿案中,可能就是从收受五百、一千元的超市购物卡发展成受贿数十、数百万元,甚至索贿;在贪污案件中,很可能就是从一笔两笔小额贪污发展成为所欲为,胆大妄为。我们曾经抓过一个医院的收费员,利用系统漏洞贪污病人的医药费,五年共操作了680多笔,每笔都不多,但是加起来却有二十多万。很多犯罪嫌疑人都会在事后忏悔:"要是早点收手就好了!""要是早点被抓,金额也没有那么多,也不会判那么久了!"虽然多少有点事后诸葛亮之嫌,但也有发自肺腑的成分。有些人捞钱无数,就是存在银行里吃利息,看着金额不停往上涨而已,其实什么实际用处也没有,只在最后定罪量刑的时候才真正"派上用场",真是可笑可悲。

对于职务犯罪,如果只是受贿或者贪污几百、几千元的案子,即便是第一时间被发现了,往往也就是内部警告,甚至是退赔了事,要是真的被纪律处分了,当事人可能还会发牢骚认为纪检监察"上纲上线"。防微杜渐这种事,说起来容易,做起来却常常不被当事人理解。所以,查处就是最好的预防,抓走一个身边的同事往往比十场警示教育还令人警醒、警惕。

回到这个案子,这是一个简单的贪污案件,是由于一位普通员工直接和上级公司对账而案发。我们接到这个移送的线索后,第一时间便将老张给立案、拘留了。此时此刻,老张已经在看守所里,他经手的大部分账册记录已经在我们科的办案桌上,但张母还藏匿着一些证据材料不愿意提供,所以许组长和刘哥正在纠结对于张母的处理。

"这个公司的法人已经找过了,根本就不知道情况,张母就是负责人,她是肯定知情的。"

"但重点是我们找过她了,她死活不开口。"

"那张脸,气死人了。"

"但是这个皮包公司的账册不到位,这个案子就不完整。"

"案子虽然不完整,但是证据链已经有了,老张肯定构成犯罪,就是这个张母,要不要处理。"

"总要给人家留点活路吧,都是快七十岁的老人家了。"

"嗯,还有赃款也是个问题。"

"肯定也在他妈手里,如果不退出来,估计得判十几年。"

"好吧,那还是跟她好好再说说吧,总归是母子,见死不救,也不应该。"

"那到时候还得靠领导你跟她讲,上次我跟她讲的时候,被她骂了个狗血喷头。"

"打电话,明天让她来一趟,上午或者下午,都可以。"

关于收缴赃款这事,很值得说道说道。在大部分职务犯罪案件中,退缴赃款和退赔损失尽管是酌定从轻情节,但往往会起到比较关键的作用。因为是否主动退缴是认罪态度的重要表现,如果当事人主动退缴了,酌定从轻,而不退缴则被视为认罪态度不好,酌定从重,这样一进一出,很可能就由缓刑变成实刑,从五年以下变成十年以上。

多年前,在一些地区的司法机关或许存在这种情况:职务犯罪案件中,犯罪嫌疑人退缴的赃款由检察院或者法院上交国库,该款项会按照一定比例体现在该机关次年的财政下拨经费中。所以,当时很多律师都会跟当事人说,退钱别退给检察院,要退就退给法院,法院这里力量更大,这在当时的确有几分道理。但这些年来,这种落后的机制已经基本销声匿迹,检察院真的不是在乎你这点退缴款,因为退缴款最后都会随案移送,最终由法院上交国库,这只是流程中的一个环节而已。犯罪嫌疑人如果要博个好评价,换个较轻的量刑建议,早退比晚退好。在检察院就退,那么良好的态度将作为"优质"背书,伴随犯罪嫌疑人走完整个司法流程,而如果犯罪嫌疑人要搞个先抑后扬之类的花样,万一"诉判不一"(检察院审查起诉的罪名或者量刑同法院判决存在较大分歧),检察院甚至会提起抗诉,对犯罪嫌疑人而言,未必是什么好事。

张母来的时候,刘哥正好在院里开会,于是我下楼陪许组长和丁哥一起询问。张母身形精瘦精瘦的,脸上也没什么肉,高高的颧骨上有股不正常的红。整个询问过程中,张母说话叽叽喳喳,动不动就用鼻子出气,一直在跟我们重复和强调发票的真实性,但当我们问起她的企业具体经营情况时,她却又顾左右而言他了。这样的当事人我们见得多了,如果不给点实际的压力或者动力,今天这半天基本就白费了。

"你儿子现在已经因为涉嫌贪污被立案了,你是知道的。他报销了多少,实际到账了多少,我们也都查得到的,你们公司的账册,留着也没用,还不如交出来,我们也会把你们积极的态度考虑进去,这也是替你儿子争取宽大处理。"

"我们公司正常经营的,干吗要提供账册?"

"我们是司法机关,在办案,我们有搜查令,也有要求提供证据的通知书,希望你配合一点。"

"那你们自己去搜,有本事自己去找啊!反正不在老娘这里!"

"你不要敬酒不吃吃罚酒!"

张母一拍桌子:"干吗,你们难道还想打人啊?!"

……

"你儿子还在看守所呢,你难道不想早点让他放出来?"

"你们不要吓我,我老太婆不是吓大的!这个儿子我不要了,总可以了吧?!"

"那赃款呢,你作为犯罪嫌疑人家属有什么想法吗?"

"钱?什么钱?我老太婆没有钱的,你们要钱没有,要命有一条!有本事你们拿去就是了!"

送走老太太,提审的诸位都觉得不舒服,像吃了绿头苍蝇似的。

我特意问了一句:"这人是她儿子吗?"

丁哥回答我:"是亲儿子,还是独生儿子。"

"还真是见了鬼了!"

人们常说亲情可贵,对于自己的孩子,父母总是舐犊情深。很多贪官,在法律面前没有认罪,在事实面前置若罔闻,甚至在父母面前都能强忍泪水,但在涉及子女时,却一步一步地退让,即使深陷地狱也在所不惜,只要能换回子女的平安,就甘心认罪服法。而今天遇到的这个张母,实在是令我大开眼界,心中不胜唏嘘。

本以为今天这一幕已经足够震撼,下午的一对母子,更是令我再一次刷新了三观。

下午接待的是一对母子——洪太太和小洪先生。本来接待的是陈哥和小潘,但在楼下会议室谈了没多久,陈哥上楼请"援兵"了,朱副科长不在,便请了范科长下来"镇场"。其实再过两年范科长就要光荣退休了,全局上下好几个科长、组长都曾是他的手下,听说他还有个徒弟,已经在上级反贪局做副局长了,如果不是特别重大复杂的案子,基本上范科长只要坐镇指挥,不需要他亲自出马。这次需要他出马,倒不是因为案情有多么复杂,而是因为这次的情况实属少见。

大洪先生是一个国资贸易公司的财务,因为涉嫌挪用公款,已经被立案、刑事拘留。这个案子案情简单,大洪先生也供认不讳,相关款项大部分也已经追回,案发单位对大洪先生也没有过于苛刻,现在等司法审计的结果,以确定最后的涉案金额,然后就可以侦查终结移送审查起诉了。

洪太太和小洪先生今天来的目的,不是为了解案情或者案件阶段,也不是来打听大洪先生在看守所里的近况,他们的主要目的是——离婚。

不出一个小时,陈哥随范科长上了楼,给我们讲了事情的始末。

洪太太和大洪先生之前都离异过,是一对半路夫妻,小洪先生读幼儿园时便随母亲来到洪家,同时改了姓。大洪先生一直以来对妻子、继子疼爱有加,对小洪先生也是不吝付出,一路资助他读到硕士研究生。洪太太不是本地人,没有学历,收入也不高,一家人主要靠大洪先生的工资收入,虽然不是大富大贵,但也算平安喜乐。可惜平地起波澜,大洪先生跟着好友一起投资做生意,因资金不足,打起公司保证金的算盘,本来想两三个月再挪回来,神不知,鬼不觉。可惜生意失败,这笔钱一时无法归还,公司发现后,大洪先生便案发入狱了。

小洪先生今年就要研究生毕业,正在找工作,首要目标是考取公务员,手捧铁饭碗。最近已经在备考,恰逢大洪先生案发。洪太太想到儿子如能通过公务员笔试、面试,势必要进入政审阶段,如果被发现父亲因为刑事犯罪受到处罚,即便已经过五关斩六将,这份工作恐怕也要最终泡汤。洪太太在家里几番思量,再经人"点拨",便来到司法机关,希望在法院作出有罪判决之前同大洪先生离婚,宁愿让小洪先生再次成为单亲,也不愿他成为"有罪之后"。

当时洪太太的态度十分坚决,还特别强调不介意让大洪先生知晓此事。反而是小洪先生,可能是人生阅历不足的关系,有点扭捏,从头到尾也没有很明确表达过自己的想法。作为办案者,我们也无法当场作出更多的决定或者解答,只有让他们回去等候进一步的消息。

身在反贪局,常常能看到大难临头时很多人的狼狈样,不仅仅是犯罪嫌疑人本人,还有一些业务上的合作者、公司里的上下级或者同事,一旦案发,这些平时看起来坚如磐石的关系,瞬间如纸薄,随风去。见到旁人深陷泥潭,曾经信誓旦旦的合作者、同事,恨不得第一时间撇清关系,更有甚者,还会再踩上几脚,来个落井下石。"夫妻本是同林鸟,大难临头各自飞",作为局外人,对别人家夫妻如何相处无权过问,但此事此情此景,不禁让办公室里的诸位都有些郁闷。

国法无情,但执法者也是人,办案的时候有一些个人情感和是非判断不知不觉融入案件办理中也是难免,对孤儿寡母,我们会有恻隐之心;对家庭困难的,我们在决定采取取保候审还是刑事拘留的时候也会再三思量,法、理、情,都是需要考虑的要素。"岁寒知松柏,患难见真情",在办案中,我们见多了真情,也看惯了假意。多年的办案经历使我们都变得人情冷漠了些,很多人际关系被简单评估为直接的金钱关系,这可能会使我们的日常生活变得乏味很多,但对于办案而言,这样可能会更有效率。

对于是否要将洪太太的想法转达给大洪先生,大家多少都有点故意回避这一个问题,换成我,也不知道该如果处理这个问题。没有结果的讨论后,最后还是经验丰富的范科长最有办法,大笔一挥,案件即日侦查终结,提请移送审查起诉,让公诉的小伙伴们去烦恼吧……

话说第一个故事还差一个结尾,我们科以贪污罪共犯把张母也立案侦查并拘留,最后老张被判十二年,张母被判七年。

屁股擦不干净，就不要那么跩

> 法律职业的社会地位是一个民族文明的标志。
> ——费尔德

如果问警察最"怕"谁，我敢说，警察不怕恶霸，也不怕暴徒，只要准备充分，再凶残的恶人也自有办法对付。其实，警察最怕的是不懂法的人，是愚昧无知的人，这些人打不得，骂不得，讲不听，还送不走。

如果要问反贪局的人最"怕"谁，还真说不准，但我能确定，我们最不怕的就是"屁股擦不干净"的人。反贪局抓的是职务犯罪，是针对那些侵害国家利益、以权谋私行为的人，那些作风清白、一身正气的人，其实对我们是"不感冒"的，或尊敬，或漠视，或喜欢，或讨厌，我们都是无法影响和改变的。

"气死了！"陈哥胸口一股恶气，堵得人发慌，也搞得一房间的人都闷闷不乐。

陈哥的老家在贵州山区，地无三里平，天无三日晴。陈哥家中双亲健在，还有一姐一弟也在老家，靠种田卖五谷杂粮，全家一年顶多收入五万来块，除去化肥农药等成本，到手的钱更少。陈哥当年是村里的"状元"，出山读高中的时候，全村人在村口送行，陈爸提前一周去县城买了鞭炮和二踢脚，热热闹闹送他出山，希望他出人头地。陈哥出山之后，一直勤工俭学，刻苦钻研，幸不辱命，顺利考取某985大学，本科毕业之后一路过关斩将进了检察院，捧上"铁饭碗"。工作没多久，他和一个江苏女孩成了亲。三十出头的他，现在有个襁褓中的闺女，算是温馨小康。陈哥对谁都客客气气、乐乐呵呵的，又为人热情，乐于助人，在局里的人缘很好。陈哥这次真是被气坏了，是被这个案件的对象给气的。

案子很简单,一个医疗耗材销售员,根据每个月的器材使用量,定期给一家医院领导和科室主任的私人账户打回扣。我们手上有销售员的供述、多名证人的证言、银行的流水、医院的器材消耗记录,而且全都相互印证,只要加上犯罪嫌疑人的认罪口供,那这个案子就近乎"完美"了,这是每个侦查员都会努力争取的一个结果。

上午,范科长带着许组长提审医院副院长,陈哥和小潘则负责提审科室主任。刚一照面,陈哥就被这个主任一阵训骂。根据小潘的转述,这个主任是某大学的医学博士,训责陈哥时可谓满腹经纶加精彩绝伦。第一层是引经据典,责备陈哥提审他"门不当,户不对";第二层是"我为副区长心脏搭过桥""我在行业里是先锋模范"的自我标榜,指责反贪局滥用职权,枉法办案;第三层是"嘴上没毛,办事不牢"的人身攻击,批评陈哥不懂社情、诬陷好人。这几天陈哥的女儿发着高烧,嫂子连着三天一个人带孩子去挂号吊盐水。可最近考核期将至,全局都忙着上案件、结案子,没有一个人请假,陈哥也不好意思开口,只能压抑着担心和焦虑,在这里加班加点。谁曾想遇到这么个不识相的"奇葩",刚开始的审讯还是针锋相对,各有往来,在陈哥把好话坏话都重复几遍之后,便成了主任一个人的演讲。陈哥不能骂、不能打,连还嘴都不行,简直都快炸了,拍了下桌子便换了两名法警在审讯室里面看着,自己和小潘上来稍作休整。出门的时候,这个主任还得意地提醒陈哥:"小伙子,下回记得让你们领导下来啊!"

小潘把这些事儿告诉我们之后,办公室里笑成一团,陈哥则板着张脸去了洗手间。许组长摇了摇头刚想说什么,朱副科长对他摆了摆手。陈哥回来后,向朱副科长请示,朱副科长反问陈哥:"怎么想?"陈哥想了想说:"那我再去试试?"朱副科长点头道:"好的,那就去试试。"

两个小时后,又是一阵哄笑,但陈哥这次至少带了份笔录上来,朱副科长扫了一下页数,简单看了看内容,端详了一下垂头丧气的陈哥,惜字如金地说:"歇歇。"

午饭后,朱副科长安排陈哥去银行补充一下流水单,并让他晚上吃完晚饭再回来继续办案。我们都懂的,这是领导给陈哥机会去医院看看嫂子和孩子。

曾经是"老烟枪"、现在改喝可乐的朱副科长看了看时钟,打了个气嗝,对我说:"去打报告,办拘留手续吧。"

"立案报告?"

"嗯。"

"这个主任的?"

"嗯。"

朱副科长接着又补充了句:"城东人太多了,这个送到城南去。"

按惯例,城南公安局一般把各类刑事犯罪的犯罪嫌疑人都关在城南看守所,如果遇到吸毒、患病等情况的犯罪嫌疑人,则统一关到市级的戒毒所或者监狱医院。但区反贪局的案子远没有公安局多,自由度就大些。按照惯例,我们也应该把犯罪嫌疑人关押在城南看守所。但是,我们检察院的位置更靠近城东,且城东看守所尽管规模小些,但软硬件条件反而略好,通过领导层的沟通,城东看守所也愿意接纳我们的犯罪嫌疑人,故而我们通常把犯罪嫌疑人都关在城东,若是城东关满了,偶尔也会送到城南。对于科长的安排,我当时也觉得很正常。

当我去审讯室告知这个主任立案结果及羁押决定的时候,他的脸上充满惊讶和迷惑,我特别想用手机拍下那张表情,发给陈哥解解气,但我忍住了。当天下午5点多,等各类手续都办好,我和法警把主任送进了城南看守所。

根据规定,检察院对直接受理的案件中被拘留的人,应当在拘留后的二十四小时以内进行讯问。第二天下午,我开车送朱副科长和陈哥去看守所提审这个主任。等狱警提人的时候,朱副科长问陈哥:"紧张吗?"陈哥回:"不紧张。"又问:"心烦不?"回:"有点。"

见到穿着橙色背心的主任戴着手铐弓着背,踩着小碎步走进监房的时候,他的神情萎靡又委屈,仿佛完全换了一个人。我和陈哥都有点不适应。

看守所的条件根据各地经济发展及经费到位情况,各不相同。大致标配是，一个车马店式的大通铺，角落一个开放式马桶，一个洗手台，悬空处吊着一台电视机，再配若干电风扇，条件好的看守所可能配空调。人满为患时，白天众人或坐或站或蹲，除了聊天，就是看电视，大多相安无事。但到了晚上，众人鳞次栉比地睡着，呼噜声震天不说，说不定半夜上个厕所，别人翻个身，便没了位置，只能蹲在角落将就一晚。在一些电视剧里嚣张跋扈的牢头狱霸，虽然有些夸张，但的确是存在的，监房里面人多事杂，就算有些小打小闹，只要不构成伤害，狱警往往无暇顾及。有一些活络机灵的犯人，甚至在狱警的默许下，成为监区内部的"小管教"，维持一下基本的监区秩序，在满足扭曲环境下虚荣心的同时，还能换取几根香烟的奖励。

　　我们送监的时候，这位主任办好手续，做完体检，进到监区，正好错过了饭点。主任对着办手续的狱警发了一通脾气，狱警倒是没说什么，就把他送进牢房。这个牢房里的人已经有点多了，主任一进去，习惯性地端起架子，丝毫不顾及旁人的眼神，找了个离马桶最远的位置放下自己的铺盖……

　　今天的主任有点憔悴，整个人发散着一种和昨天不一样的气质，见到我们后，他的眼里还泛出了泪光。对于我们的问题，他也一反常态，非常配合，对自己的犯罪事实供认不讳，整个提审异常顺利。在提审过程中，主任再三表示希望将自己的认罪态度"写"得好一些，他希望能够早点改变强制措施，争取早日取保候审。在签字按手印的时候他还特意对陈哥说了句"这位同志，昨天我的态度不好，真是不好意思，向您道歉了。"陈哥回了句"没关系"。

　　城南看守所有点远，我们提审出来已错过饭点，便就近找了个小馆子，叫了三碗盖浇饭。等菜的时候，陈哥特意跑去马路对面的超市，给朱副科长奉上一罐可口可乐。

　　有人看到这里可能会说，这样的做法是不是有点公报私仇？是不是涉嫌打击报复？我在这里只是叙事，不作评论。检察院不是一片培育真善美的土壤，这里的人天天和恶势力做斗争，如果一个个都如同绵羊般温顺，那只能成为"恶狼"的"口粮"。身处反贪一线的人多少都带有一些戾气,还有义气和斗气,如果缺了这股劲,是斗不过"恶狼"的。古代科举都分文、武状元,天庭也分文、武曲星。文武之道,各有千秋。如果面向群众的那一面需要春风化雨,那么面向恶徒的这一面就应是雷厉风行。或许有人会为主任鸣不平,但他的罪行和他的遭遇都是相符的。对于无罪的人,我们不会诬陷和陷害;对于有罪的人,你再刁钻,再凶悍,我们也不害怕,不畏难。

"屁股擦不干净的人",请别惹反贪的,我们最不怕的,就是你们。

今天咱们去搜查

法律之内，应有天理人情在。

——安提戈涅

反贪局的各个侦查科，基本上都是平行办案，各科科长都有一定的自由决定权，局领导大都不会过多干涉。除非遇到特大案件或者疑难复杂案件需要统筹力量，否则不太会主动串联参与其他科室的办案。但唐科长是我们范科长的高徒，最近恰逢侦查一科一个同志休探亲假，一个同志休献血假，人手实在不足，范科长就把我给借过去了……

今天是陪唐科长去已经被立案并刑事拘留的犯罪嫌疑人侯某的办公室及住所地依法进行搜查。

我们首先去侯某的办公室。因为是周日，我们提前联系了侯某单位的办公室汪主任。侯某是周五晚上由唐科长亲自带人从家里带走的，单位里的绝大多数人都不知道他的具体情况。汪主任也是周六下午才接到我们的电话，要求他周日上午在办公室准备好所有房间的备用钥匙，等候我们。搜查单位，我们大多会选择周末或者是工作日的晚上，这样有助于避免一些外来因素的干扰，也可以将对企业内部的影响降到最小，也是为案发单位所作的人性化考虑。尽管进入搜查阶段的基本上都是已经被立案的犯罪嫌疑人，但反贪工作有其性质的敏感性，因此我们都会尽量在法律限制范围内降低影响，尽可能低调，我们自己常常戏称这是"闷声大发财"。

第一眼见到精瘦且略显紧张的汪主任时，他略带踉跄的步伐和僵硬的手脚告诉我们他应该已经在楼下被寒风折磨了一会儿。出示证件之后，我们没有在楼下直接告知来意，而是要求先到他的办公室里坐坐。汪主任领着我们上了楼，路过门卫室的时候，他对疑惑的门卫介绍我们是上级单位的领导，我们没有否认，也没有说话。

坐进办公室，唐科长和汪主任稍微聊了一下该单位的基本情况后，打开天窗说亮话，将侯某涉嫌受贿的初步结果告知了汪主任。看得出来，知道侯某已经被刑事拘留，尽管有些惋惜，但汪主任悬着的心也放下了点。这种情况未必是因为汪主任心虚，而是不知道是什么事、不知道是抓了谁、不知道案件大概是什么情况、不敢打听、又很想知道等多种情绪混合所体现出的忧虑和迷茫，是在案发初期相关单位负责人中很常见的心态。

应我们要求，汪主任打开侯某所在的办公区域，并引着我们来到其办公位前。在这个格子间里，我们打开所有的抽屉，查找里面可能相关的材料，这其实是件费时费力的活儿，但有唐科长这样经验丰富的老侦查员在场，就能省下不少时间。两个小时后，我们决定带走侯某抽屉底部的几张银行卡、名片夹和几份有相关单位名称的文件。我们要求汪主任将剩余的侯某私人物品和相关文件统一装在一个带锁的柜子里，暂由单位统一保管。对于准备带走的文件材料，我们都一一拍照，并让汪主任在扣押物品清单上签了字。

前前后后折腾了三个小时，接下来，我们还要去侯某的住所继续搜查。

就个人而言，我很讨厌搜查犯罪嫌疑人的住所，特别受不了案件对象的家人看我们的眼神。他们有的像平民看着暴徒，满怀着怨恨，或是疑惑；有的像信徒看着神父，期待着救赎，乞求着奇迹。无论哪种，我都不喜欢。但换位思考一下，如果两个陌生人来到我的家里，当着我的面翻看家中的各类私人物件，把家里翻得乱七八糟，我心里肯定也是敢怒不敢言。更何况，这两个陌生人还带走了我的家人并把他关在某个看守所里，换做是我，说不定当场就"炸"了。所以，在搜查的过程中我们都尽量减少和家属之间不必要的沟通和交流，如果想要向家属进行个别取证，我们往往会另约时间让家属到院里来谈话。

我们事先联系了侯某的家属，让他们在家等候我们。到达侯某住所地后，我们找到其楼下的物业管理人员，让他们帮忙联系当地居委会的工作人员，请他们和我们一同上楼，作为第三方见证。打开门，接待我们的是侯太太和他们已经读大二的女儿。在她们茫然迷惑的注视下，我们说明了来意，出示了证件和搜查证，并介绍了居委会的同志作为见证人。随后便开始搜查，我们两人从卧室、书房再到客厅，对侯某的私人物品进行了搜查。搜查的重点是书房，我们在书房里找到若干银行卡、一些会所和按摩店的会员卡、几张未开封的超市购物卡，这些之后都被我们带走了。搜查的过程中，我们和家属有一句没一句地搭着话，整个房间里的氛围紧张且尴尬。走到侯某女儿房门口时，唐科长带着我进去走了一圈便出来了，没像之前几个房间一样翻箱倒柜，感觉得出侯太太的脸色缓和了些许。

办案人员也是人，也懂得人情世故，知道来到别人家中进行搜查，本就是一件"攻击性"很强的事情，一个不小心很容易激化矛盾，万一被人家堵在家里打一顿，那真是有苦也没处诉，当然这是句玩笑话。我干反贪年头不算久，但听各位前辈说，我们办案过程中基本上没有发生过什么人身伤害或者人身危险，一方面是因为我们所处的省市民风不是特别强悍，另一方面也是因为侦查人员办案过程中一向谨慎低调。在局里时还算"人多势众"，而在外办案则基本上都是两三个人一起行动，还是默默办案，莫做耍威风之类的事情。

随后，我们去了地下车库，将侯某的黑色轿车拍了照，简单搜查后，将车上的驾照、行驶证、储值油卡等物件带回到客厅。我们向侯太太介绍了一些案件阶段和立案的罪名，告知她作为犯罪嫌疑人家属的各项权利，并让她签署了相关文书和拘留侯某时登记的扣押清单，并将清单上的各项物件转交侯太太。我们并没有正面回答侯太太当场提出的大部分问题就告辞了。

回到警车旁，两个小时没喝水的我一溜小跑到旁边的便利店买了瓶碳酸饮料回来，唐科长则优哉游哉拿起了车上的保温杯喝起工夫茶，一边说道："你们小年轻真是没经验，去搜查人家还指望人给你倒茶？还是自带更实在。"我连连点头称是，一边发动引擎，速速回院，我还赶着5点准时下班呢！

后来，我们又花了一周时间查询、核实搜查到的若干银行、消费卡，调取了流水，结果是一无所获，那些会员卡和消费卡，要么是空卡，要么是同案件无关，纯属白费功夫。所幸经过查证，侯某三年前购买黑色轿车时，为其刷卡买单的是供应商钱某，正是找到这一切入点，才将该案最后侦破。

回到侦查二科之前，唐科长特意送了我一个老款的全新保温杯。别看局里的老同志都一副粗人的样子，其实不少都是"人精"，眼尖、眼毒、有头脑、有本事，这样才能和那些腐败干部斗智斗勇。

老蔡的华丽转身

> 莫笑农家腊酒浑,丰年留客足鸡豚。
> 山重水复疑无路,柳暗花明又一村。
>
> ——陆游《游山西村》

说句"胃里话",我们单位的伙食真不咋地,不仅色香味都沾不上边,菜量还很少,两荤两素吃下肚,下午两三点就又饿了。而且食堂上自老板、下至阿姨都特别不客气,稍微提点要求,他就给你脸色看,用鼻子跟你说话,一点都不像大部分机关食堂的样子。院里经常有人开玩笑说,有机会一定要去查查这个承包食堂的老板的账,看看里面有多少猫腻。没想到我们还真抓了一个机关食堂的负责人。

有些人会说,你们反贪局的人,怎么不抓"老虎",光抓"老鼠"?不抓高高在上的,净抓一些鸡毛蒜皮的?说到这事,我们心里也挺委屈。要是老抓"大虎",老百姓说我们做表面工作,不替基层老百姓办实事;要是老抓"硕鼠",又有人怪我们欺软怕硬,不敢动大的。说到底,我们也只是国家机器中的一个组件而已,不仅要去除机器中的"大污垢",也要去掉那些"小泥点",没有随心所欲办案子的权力,每次都是看菜吃饭,通过什么途径获得什么线索,就重点查办什么案子,有人举报"苍蝇",我们就拿灭蚊拍;有人想拿下"老虎""立功",我们就扛"虎头铡"。有时收到一些举报信,没头没脑,就是诸如"×××是国家的蛀虫,请你们去调查他,一查一个准,肯定有问题"。事实证明,对于这类举报,往往费了九牛二虎之力,也只是一番无用功。一次有的放矢,远胜十次无头乱撞,辨别和放弃无价值的线索材料,是为了集中力量办真案,办实案,办大案。

老蔡的华丽转身

这次的案子其实很简单,区卫生局的食堂是自营的,食堂负责人老蔡既是主厨,又是采购,虽不是国家干部,却也是"大权独揽"。一直给食堂供菜的老张头,除了好酒好烟不断之外,每个月还给老蔡送上一个大红包,日积月累下来也有了好几万元。谁料卫生局最近换了新局长,对食堂提出新的要求,指定由区政府菜篮子工程定向供菜,老蔡对此无能为力,老张头却恼羞成怒,写了一封举报信送到区政府,随后转到我们这里,于是便东窗事发。

对于老张头的指控,老蔡倒也供认不讳,但随着审讯的深入,我们发现老蔡和老张头双方交待的其中几笔的受贿时间、笔数、金额,出入比较大,无法完全印证。这在最后确定涉案金额的时候,可能会很产生麻烦。出于慎重考虑,朱副科长让陈哥和我再去一次看守所,就这个问题和老蔡再好好聊一聊。

在提审的时候,侦查员经常会和犯罪嫌疑人聊一些家常,有时是为了了解当事人的生活环境、品格习性,同时也有助于犯罪嫌疑人放松一下紧张的情绪,缓和一下审讯的氛围。有时会聊一些专业问题,可能是为了案件需要获取一些专业知识或者是企业情况,也有可能只是为了满足侦查员小小的求知欲和好奇心而已。比如,我们可能会问主任医生如何做好青年养生,问贸易公司老总网络电商哪家假货多。

和老蔡的聊天,就是从他与这个食堂的渊源聊到了他的人生和家庭。之前我和朱副科长一起接待过蔡太太。蔡太太脸上文了眉,化着妆,上身着暗红色的皮草,里面是紧身的羊绒衫,下身紧绷的黑丝裤袜已经快裹不住随着岁月流逝丰腴走形的身材,但她举止洒脱,口齿流利,一看就是见过世面的场面人,和眼前这个浑身油烟味、眼袋深重、留着"地中海"发型的老男人实在不像是同一个屋檐下的夫妻。

听老蔡说,他和太太是在饭店里认识的,老蔡那时还是一个学徒,蔡太太是老板的小女儿,两人暗生情愫,最后终成眷属,颇像一些偶像剧的桥段。之后蔡太太继承了饭店,老蔡成了主厨,实在是天生一对,将相和。之后几年,老蔡和蔡太太的饭店生意红火,每天忙得不可开交,小饭店变成大酒楼,老蔡也变身为首席大厨,但却日渐受到冷落,感觉不到幸福。蔡太太每天在各个包间中觥筹交错,俨然一朵交际花,回家看到浑身油腻的糟老头老蔡便越看越不顺眼,老蔡对于花枝招展的蔡太太也是颇有微词。一次又一次的争吵后,老蔡一怒之下,拂袖而出,离开了大酒店,然后在往日徒弟的介绍下,接管了区卫生局的食堂,成了"宁做鸡头,不做凤尾"的掌勺土皇帝。

或许是因为在看守所里没有了嘈杂的锅碗声,也没有了家人的嘟囔声,老蔡总算寻得了宁静,在这十几天里细细地重新品评了自己的人生。老蔡悠悠地聊了两个多小时,将自己的人生经历和犯罪的始末都娓娓道来,我和陈哥也悠悠地听了两个多小时,其间很配合地提了几个问题,还给老蔡点了两根烟(根据看守所的规定,提审的时候是不能抽烟,更加不能给在押人员烟抽,但事实上,无论什么规矩,总有例外)。整个审讯过程特别平静、特别轻松,我和陈哥也没有因为案件的毫无收获而感到丝毫气馁。陈哥看看手表,该回去接孩子放学了,于是顺着老蔡的话,开始组织结束语。可能是因为聊得尽兴了,或是早就猜到我们的初衷,老蔡突然说了一句:"你们抽空去把我的账本拿来吧。"我和陈哥一个激灵,又起了精神,开始转入正题。

原来老蔡一直都有记账的习惯,无论是正常的收入还是老张头的好处,基本都有记录。而这本账册,却放在一个谁都意想不到的地方。

第二天,我们在老蔡家卫生间屋顶集成吊顶扣板的后面找到了这本账册,同时还有老蔡背着同床异梦的老婆积攒的一笔私房钱。原来,自从家庭不睦以来,老蔡总是尽量早出晚归,不愿意和蔡太太多交流。有时不得不同时在家里的时候,老蔡就经常到卫生间里抽烟。之所以将账本和私房钱藏在卫生间,也是为了方便在无聊的时候可以翻看,打发时间。

有了犯罪嫌疑人亲手制作的账本,案件定罪量刑也变得简单了很多。由于老蔡受贿金额不高,认罪态度良好,并主动退出赃款,最后被判处有期徒刑三年,缓刑五年。判决宣布当天,老蔡就走出了看守所。又过了几天,老蔡在检察院接待室里同我们两个轻松聊了一会儿后带走他的"小金库"。从此以后,他再也没有来过检察院,也没有回过自己原来的家。

有一天,我在家坐在马桶上,抬头看了看顶上的三尺空间,想象着老蔡每次在卫生间"办公"时,翻看着账本,憧憬着自己出户之后的崭新人生的场景。我突然觉得,或许他人生的新起点,经过这一番波折,就会在若干年后真正开始了……

很多人都觉得牢狱之灾是灭顶之灾,仿佛一旦被判定有罪,他的一生就会黯然失色。这个观点在各种反腐倡廉宣讲中屡屡被提到,"这是人生永远的污点","你会一辈子抬不起头来","家破人亡,妻离子散",这些观点都有无数的案例作为佐证。作为反贪干警,看多了因为职务犯罪案件而深陷悲惨遭遇的罪犯:有人无法在老父亲临终前尽孝,有人被妻子强求离婚,有人临退休入狱,有人为了退赔赃款而散尽家财……太多负面的案例,让我们深信职务犯罪害人害己这一观点。但老蔡的故事,却如同一个"反面例子",令我不禁又多想了几层。

人和人原本是平等的,相互之间你不求我,我不欠你,如同平行线一般各自生活着,但社会中千丝万缕的关系网又将人与人串联在一起。一部分人因为替国家"打工"而被赋予多于其他人的一些权力,无论这个权力是定人生死,还是买菜买肉,都可能会得到一些人的"追捧",而被捧者则可能在奉承和财色中迷失自己,将自己和权力融为一体,以为是因为自己本身才获得的不一般待遇,从而享受这种优待,如同温水煮青蛙而不自知。但当迷雾散去,尘归尘,土归土,魑魅魍魉被打回原形,被捧者被剥去虚荣的外衣,受到法律的惩罚,但或许也能因此重新看清自己的人生,这何尝不是一种"领悟"?

尽管这样的观点,或许和主流观点有所不同,我也绝对不是鼓励他人为获得这种感悟而以身试法,但是如果王勃不被贬官,后人如何领略"落霞与孤鹜齐飞,秋水共长天一色"之美?如果屈原不被流放沅湘,又有谁叹"路漫漫其修远兮,吾将上下而求索"?可惜现在的社会里,充斥了太多的实用主义。我们之所以不贪腐,不是因为我们拥有远大的理想,而是因为我们要珍惜现在所拥有的,算好人生账,贪赃枉法算下来"不合算";我们之所以不受贿,不是因为我们志存高远,而是因为行贿者都是"趋利虫"，熙熙为利来，攘攘为利往，一旦我们没用，自然会被抓住把柄，落个不得翻身；我们之所以不贪污，不是因为我们食君之禄，担君之忧，而是因为有严法相规，触之则万劫不复……

老蔡面对刑事判决，没有流泪，没有埋怨，而是带着微笑开始了新的旅程，尽管我是把他送入看守所的人，尽管对他的判决是罪有应得，但我还是在这里祝愿他能够重新开始，来个华丽转身，开始一段崭新的人生。

好人和恶人

> 世界上唯有两样东西能让我们的内心受到深深的震撼,一是我们头顶浩瀚灿烂的星空,一是我们内心崇高的道德法则。
>
> ——康德

上周,我们反贪局长被预防部门请去给一个案发单位进行法制宣讲。

该单位去年被人举报,我们顺藤摸瓜,一锅端掉一个科长、一个副科长、三个业务员,他们现在都已经蹲在监狱里了(未被法院判决的待在看守所,有罪判决后大部分转移到监狱)。发案单位的上级公司对此非常重视,三番四次来我们检察院的反贪局和预防科,邀请检察干警去给他们做法制教育,来个"亡羊补牢"。

这类法制教育经常被反贪侦查人员嘲笑,认为没有哪种职务犯罪预防比真实的办案抓人更有效,抓一个人至少可以发挥三到五年的预防作用,身边人、身边事,对人内心的震撼,比法制教育生动、直观得多。但是,应该没有什么单位会希望通过惩治的方式来开展预防的,所以预防部门的廉政讲课、廉政宣传自然成了他们的第一选择。

廉政讲课有其不可替代的作用。其实,职务犯罪和生病有很多相似点:生病就像犯罪,检察院就像医院,人一生病,到了医院,请医生诊断,该吃药吃药,该开刀开刀,没得选择,就像职务犯罪被反贪局抓到审讯,该定罪定罪,该判刑判刑,没得选择;人如果没生病,就不会想到去医院看病预防,就像不发生职务犯罪案件,发案单位就不会想到请检察院来以案释法。当然,很多时候,也有人是看到隔壁人家有人生病,就想到自己是不是有病,就找到预防科的同志去敲敲警钟,扯扯袖子,以治"未病"。

而且,这类廉政讲课往往也是邀请机关、国企和检察院建立或加强沟通交流的一次机会。记得民防工程有几句标语,"居安思危,未雨绸缪,加大人防工程建设力度","战时防空、平时服务、急时支援",这些邀请单位多少可能有点这个意思。与其等出了案子才来临时抱佛脚,还不如平时就积累一些交情,虽然不足以枉法,但如果真的出了案子,也能有个熟面孔,好打交道。

局长本来不想去做这次廉政讲课的,但是,一方面,听说对方来听讲课的领导干部级别较高,预防部门的正科级专职讲课员觉得自己不太合适,特来请求领导"增援";另一方面,在我们去年办案过程中,对方上级单位的确比较支持配合,各类人员档案、账册材料都是通知后立即准备到位,没给我们制造任何门槛和麻烦。所以,局长思量之下,决定亲自出场,为他们讲上一课,作为这个单位专项廉政月的收官之作。

廉政讲课当天,预防部门负责人于科长和我们许组长(局长讲课稿的第一责任人)一同陪去的。听开车的小潘回来说,讲课效果非常好,局长没有完全照本宣科,讲了一会儿大道理后便开始谈起自己办过的案子,一个个鲜活的案例加上局长生动的讲解,把台下的人听得一愣一愣的,听课人员基本全程都在认真听讲,没有人开小差。最后,局长还讲到我们最近办的案子中的几个判决结果,更是振聋发聩。

谁也没想到,没过几天,意外之喜出现了。

在反贪办案五六年来,我很少看到当事人单独来自首的。多数都是和单位领导一同前来自首,犯罪对象常常是在发现自己的罪行已经无法弥补,或者觉得外部环境形势不妙,或者自己良心发现后,首先向本单位领导坦白自己的过错,再由单位领导陪同前来自首,还有一些人是被单位发现有问题之后,出于各种原因向单位供认,再由单位领导陪同前来自首。这些当事人或多或少都怀有一些侥幸心理,开始时都希望单位能够替其掩饰,能够将罪行"内部解决",逃避刑事处罚,但结果事与愿违,因为现在愿意替员工"扛事"的单位已经越来越少,一且发现涉案金额或者情节可能达到检察院的立案标准,单位领导稍作思量,最终往往还是会决定移送检察机关查办。

今天坐在审讯室里的老赵,其犯罪行为既没有处于客观上已经无法挽回的境地,也没有被所在单位发现蛛丝马迹,但却自行决定来检察院自首,这多少还要归功于我们局长。老赵就是局长上周去讲课的那个单位的老财务。老赵当时就是坐在会场内"高风险关键岗位工作人员代表"之一,正是听了局长的讲课,他辗转反侧了几个夜晚,最后决定前来自首。

老赵在这个单位财务岗位已经干了二十年,如同科室里的老黄牛,不计得失,老实可靠,是财务总监最放心的人之一。他的几任领导得知他的情况后,个个都表示难以置信。

俗话说得好,"苍蝇不叮无缝的蛋",职务犯罪尤其如此。一个人有了贪心,有了欲望,就容易被腐蚀、被腐化,就容易出事。老赵是个很实诚的人,在单位勤勤恳恳,任劳任怨,是个好员工;在家里不抽烟不喝酒,爱做家务,是个好老公。这种老实人没有大权力,也没有不良爱好,大部分情况下不容易出事,但凡事没有绝对。

事情的转折点是老赵的爱人病倒了。

老赵的爱人在七年前被查出左侧乳房有乳腺癌,经过手术切除和近三年的治疗,病情有所好转,但高昂的医疗费让老赵家捉襟见肘。所幸两人没有子女,老赵为了爱妻,抵押了唯一的房产,但也只换得短暂的缓冲期。两年前,老赵爱人被查出癌细胞已转移到右侧……这一晴天霹雳再次击中老赵早已疲惫不堪的内心及勉强维持的收支平衡。面对病房里的爱人,看着手中的账单,老赵的眉头拧成了"川"字,家庭还是忠诚,成了老赵心头的痛。老赵的选择决定了他今天坐在我们的审讯室里。

老赵所在的国有企业是工程发包单位,是个纯甲方企业,众多工程单位都是他们的乙方。为保证工程质量,乙方在成功中标之后都会根据项目的总金额,在该企业存有数额不等的质量保证金,有些项目总金额大、工期长,保证金一放就是数年,要等到完成监理验收等流程后才需要返还乙方。老赵平常就是负责管理这些款项,由于这些款项的专款专用特性,不能轻易挪作他用,所以基本上长期处于"休眠"状态。

老赵不是擅长经营的人,也不是有赌性的人,他性格中老实的一面,也体现在他的犯罪手法上,他没有把这些钱用于赌博、彩票或者是投资,只是直接将公款挪出,填入妻子的医疗费大洞之中,然后拆东墙补西墙,填补之前的空洞。由于各级领导对老赵的充分信任,对于他所做的粗陋手脚,两年中竟然没人发现。

实在是说者无心,听者有意,这次我们局长的廉政讲课,恰恰成了压倒老赵心理防线的最后一根稻草。听课后,老赵最终决定来自首。

老赵对自己的犯罪行为供认不讳,唯一放不下的就是他还在病床上的老爱人。自首之前,他将实情都告诉了他的亲姐姐,姐姐答应将在自己能力范围内照顾他的妻子。

不如意事常八九,可与人言无二三。人生一帆风顺者少之又少,挫折和考验总是如影随形。在领导眼中,老赵老实可靠,谨慎认真;在同事眼中,老赵不计得失,低调谦逊;在朋友眼中,老赵为人乐观,行事磊落;在妻子眼中,老赵更是一个"完人"。在绝大多数人眼中,老赵的的确确是一个好人。但好人并不是不会做坏事,做了坏事也不能免于法律的制裁。相反,有的时候恶人做坏事反而有害怕、有顾忌,不敢把事情做得太绝、太多,且会注意法律的界限,尽量在不触犯、少触犯法律的前提下去为恶。而好人一旦做坏事,因为有着不得已的苦衷,内心的罪恶感反而少些,有时更加"有恃无恐"。

贪污、受贿、挪用公款这些常见的职务犯罪,都有一个显著的特征,即主观上都是故意的。无论其犯罪目的是多么光明正大,理所应当,终究还是选择以侵害公权力来满足私欲的方式来实现自己的目的。

"天子犯法,与庶民同罪"是众人的共识,而"好人犯法,与坏人同罪"这一观点却无数次受到冲击和质疑。为了孩子而偷盗,为什么刑法对他们就要从宽?为了家人而伪造公章,为什么又可以情有可原?

你们可以向他们捐款来缓解他们的窘境,这是你们的权利,但通过舆论去向司法机关施加压力,一时看来,的确有大快人心之感,其实只是降低了对他们的处罚,不能减少他们的罪责。长此以往,如果每个人一饿就抢,一恨就杀,一贫就劫,一穷就偷,做事不计方式,不计后果,那我们的社会又会变成什么混乱样子呢?

第二篇
身边的故事

反贪干警的生活并非天天都是办案子,抓贪官。我们也是机关人,更是普通人,也要做很多不能免俗的事情,也会有很多形形色色的人路过,有林林总总的事发生在我们的身边。有身不由己,也有情不自禁,有些是业内人士才知道的"真相",也有让人战战兢兢的事实。

其中有些人值得记住,有些故事值得絮叨絮叨。

和纪委一起办案

> 东西分散就失去了价值,聚拢起来才能发挥作用。
>
> ——奥维德

喜欢通过电视新闻了解国家大事的老百姓,可能会产生贪官污吏都是被纪委抓走的感觉。这也难怪,因为够资格上 CCTV 的贪官,基本上都是先由纪委进行"双规",然后再查办其腐败问题的。久而久之,仿佛所有的反腐力量都集中在纪委,也只有纪委出马,这些腐败分子才会望风丧胆,服法认罪。老百姓会有这样的感觉,其实也是可以理解的。根据我国国情,省部级及以上的职务犯罪案件的初期侦查或者说开始查办,九成九都是由纪委力量牵头的,在收集到足够证据后,才会移送检察机关立案侦查,案件移送的具体部门,就是反贪局。

通俗点讲,低级别的"苍蝇蚊子",直接由检察院侦办,上不了电视;而上得了电视的"狮子老虎",都是纪委先出手,接下去是检察院反贪局侦查取证、公诉科审查起诉,最后是法院审理判决等流程。省部级以上高官如果被查办自然不会无声无息,一上新闻,第一道工序的纪委和最后一道工序的法院,往往更引人注目,而中间几道流程,就不那么受人关注了。其实,大量的处级及以下的职务犯罪案件都是由反贪局直接侦办,可惜办案跑断腿,也不一定讨老百姓说句好,实在是边说边做边流泪……

在法律行业内,反贪局干警常常被借去纪委办案,是众人皆知的。反贪干警法律知识扎实、业务能力过硬、保密意识过关、取证固证的时候证据意识够强,与常和穷凶极恶的罪犯"切磋技艺"的公安干警相比又更懂得和领导干部打交道。因此,在纪委的办案组里面,常常会有一半以上的反贪局干警的面孔。这些干警一旦被借,往往要等特定案件或者系列案件查办终了才能回来,短的两三个月,长则两三年。

反贪局同纪委之间千丝万缕的关系和联系,后文还会阐述,这里先聊聊纪委专案组及我们和纪委一起办案时的几个小故事。

纪委除常规工作(纪律检查、机关内部法宣等)外,也要处理一些重特大违纪线索,如果发现确有犯罪事实,通常都会成立专案组来办理,专案组是临时性机构,针对某一具体案件或系列案件临时抽调人员组成,案件结束(一般在移送检察机关反贪部门或法院判决生效后)即行解散,专案组人员返回原单位继续工作。纪委专案组的最大优势在于可汇集多方力量全职办案,同时又容易满足保密要求。我们院也经常有干警被借调至各级纪委专案组,曾有一名干警被纪委借去办案,前前后后有三年多,等回到院里,身边的同事有的升迁,有的调走,期间还先后进来了二十多个新面孔,自己都已经快被公诉、侦监等科室的同事淡忘了,实有"同事相见不相识,笑问客从何处来"之感。

纪委专案组的成员,不全都是纪委和检察院反贪局的人,通常还有一些公安干警负责侦查和技侦工作,大量武警负责安保工作,有时还有监察、审计甚至工商的身影。因为纪委查办的职务犯罪案件最后终究要走司法流程,所以偶尔也会有检察院侦监科、公诉科,甚至是法院的干警提前介入,指导证据的收集和固定等工作。专案组存在时间有长有短,撤组的时候,各成员将回到原单位继续工作,专案组也会向原单位出具成员的"工作评定",对成员办案期间的工作表现进行评定,并提出给予奖励、休假等建议,也算是对相关成员之前付出的一种认可。我们院曾有干警在纪委专案组主持的特大案件中表现突出,回来后即获得立功之类的奖励。

纪委专案组的存在是中国反腐败的特色之一,也是社会大环境和现有反腐败体制共同作用的产物。现阶段,以一些高级官员为首的腐败利益团体,犯罪人员、犯罪事实互相交织,塌方式腐败、窝串式腐败屡见不鲜。只有整合各路反腐力量,进行综合惩处,在避免泄密的前提下,提高效能,才能最大限度地打击腐败。但纪委专案组也不是万能的，也有法律风险及为人诟病之处，其中之一就在于法律意识和证据意识的短板有时会使案件陷入尴尬的境地。

几年前曾有一个由区纪委移送至我们院的案件。此人在纪委"双规"阶段承认，自己某日在某茶室内当面收受某私企老板现金三十万元，并在事后为其提供了便利。纪委找到该私企老板后，老板也承认了该节事实。纪委遂大功告成，以此节事实为主要事实结束调查工作，决定开除其党籍，并将此人职务犯罪线索移送检察机关处理，随卷附上了上述证据材料。但当反贪局干警对其进行讯问时，此人却当场否认并提出自己受到刑讯逼供，之前在纪委所写材料更非其本意。我们经过核实发现，证据中此人承认收受三十万元贿赂款的时间，恰好是其在国外度假期间，该私企老板也承认自己其实已经记不清行贿的准确时间，在纪委是顺水推舟做的证。反贪局只得对该节事实不予认定，此人最后因证据不足，被决定不予起诉。

前两年，纪委有一个案件线索，请我们给予支持，我随朱副科长一起被借了过去，这个案件虽然最后没有成案，但我也已在专案组里办了三个月的案，丰富了经验、增长了见识，且多少有了点体会。避开办案细节和案件机密，我就谈几个纪委人员办案和反贪局侦查员办案的不同点。

第一，时间观念。反贪侦查员一旦出手带人，就要开始跟时间赛跑：一定时间内要决定是否立案、拘留，一定时间内要决定是否报请批准逮捕，一定时间内必须完成整个侦查工作。从外面看，我们是追着贪官跑的"猎狗"。但换一个角度，我们就是被各项法定时限追着跑的"兔子"。而纪委办案，因为有"双规"这把尚方宝剑，就显得相对从容。

第二，投入程度。反贪干警查办案件，最忙最紧张的往往是最开始的几天，通宵达旦、夜不归家都有可能，但最多也就是两三天，就能恢复常态，然后继续朝九晚五，白天查案审案，晚上回家睡觉，对家庭的影响是有限的。而纪委干部办起案来经常废寝忘食，可能几十个日夜都在连轴转，不是在办案区就是在外调。所有办案人员都会被安排好食宿，吃喝拉撒睡都在大办案区域里，有时要一两个月才能回家一次，夫妻子女同在一个城市却很难相见，这样的工作也不是每个人都能胜任的。当然,在非办案的日子里,他们还是像大部分机关干部一样规律上下班的。

第三,方便程度。反贪办案的对象一般是关押在看守所或者是取保候审在外面。每次提审在押犯,我们都要早早赶到看守所,先调试同步录音录像设备,再让狱警将人从监区提出,然后审讯,结束后再回到单位,一天中的有效时间也就是四五个小时,其他时间都在路上。而纪委办案,被"双规"的对象就"住"在办案区里,他们的生活是被24小时全程录音录像的,要谈话,也就是从三楼到一楼的路程,进门就开始问,问好就关门走人,永远都会有武警战士在看护着对象。时间可以是早上,也可以是下午,如果有必要,凌晨都可以直接谈话,因为不用去找,他们一直在那里"等"着。

第四,牛气程度。对外行来说,纪委和反贪局都是反腐机构,未必有什么直观感受。但对于国家工作人员而言,纪委的威慑力和影响力可能比反贪局更大一些。纪委也分好几种,中纪委,省纪委,各部委行署纪委,各市、区纪委,各类企业纪委等,一般来说,其中名字越短的越"牛",行政级别越高的越"牛"。而且,各单位都有一个共同特点,就是"外来的和尚会念经",很多单位对自己本单位的纪委监察等部门并不"感冒",而面对上级纪委和检察院反贪局则更为紧张。这也是人之常情,我们干警自己对于自己本院的纪检监察或许也不是特别紧张,但若是上级院的纪检监察突然请我们去喝茶,无论是谁,估计心里都会有点"七上八下"的。

纪委和反贪,尽管同是反腐力量,但被赋予权力的来源有所不同,发挥的作用、产生的效果也有所不同。就像暴雨和海浪,都能用来涤荡乾坤,有时也会风雨同舟,但更多的时候泾渭分明;有交集,也有补充,偶尔还会相互竞争。

远道而来的客人

有朋自远方来,不亦乐乎。

——《论语》

今天 8 点到院里的时候,瞥见门卫室里有几个抽着烟、穿着黑夹克的男子,神情和一般的当事人不太一样,很淡定,不急不恼的。这么早就在门卫室里候着,很是少见。但因急于去机关食堂吃早饭,我并没有留步,只是匆匆而过。

一个小时后,在会议室里又和他们见面了。

来的这三位是西部某省市检察院的三名干警,一个科长,两个侦查员。他们也不是同一个检察院的,是被临时借调至中纪委同一个专案组后,被安排成一个办案组开展查案工作的。这几个月来,他们主要负责跟进一个部级干部(自始至终未告知我们确切身份)案件中某厅局级干部的受贿线索,他们为此已经跨省越市收集了不少证据。今天来我们这里,主要是想找一个注册地和经营地均在我们辖区内的一公司的副总和业务员,对一个非行贿事实进行取证和确认。

他们前一天已经同我们上级检察院联系并报备,上级检察院已电话联络我们分管查案的副局长,简要介绍了情况,希望我们接待和协助。对于这种常见的协查工作,副局长已经习以为常,直接安排范科长接待他们。

了解他们的来意后,范科长将丁哥和我也叫到会议室。一进会议室,那个科长操着带有浓重口音的普通话,特别客气地递上两根香烟,两个侦查员也很热情,起身和我们点头示意。我们先是例行公事,收下介绍信并复印了三人的工作证和立案决定书,然后开始了解案件情况,确认仅需要我们协助找人和取证,不需要采取其他强制措施。不知不觉已经快到10点,范科长让我们尽快出发,陪三个侦查员一起走一趟。我立即发动警车,和丁哥带着他们三人驶出了院门。

可惜赶到这个单位,方得知要找的两人上午都在总公司开会,于是便从前台要到两人的手机号码,电话联系并约定当天下午直接在检察院门卫室见面。

赶回院里已经12:30了,回程路上,那位科长再三邀请我们在外就餐,都被我们婉拒了。范科长已经让人为我们预留了五份客饭,而下午的司法办案用房,也已经安排好了。

丁哥和我陪他们三人一起在会议室吃的客饭,边吃边聊,一来二往,大家熟络了些,那位科长也打开了话匣子。虽然都来自检察系统,也都是为国家办案,但这几个月来,三位走南闯北,还是尝到了不少人情冷暖。

协助办案是各个检察机关的义务,但也没有绝对的规定(或许有,但我不知道),而这三位检察官为了收集必要的书证物证和证人证言,在跨省越市的过程中,不仅要好烟加好言,偶尔还要受白眼、受冷落。有时从大清早等到下午下班,也见不到管事的人,有时要等两三天才有办案人员抽空陪他们走访办案。未曾想我们这么爽快利落地就把事情替他们都安排好了,反而让他们有点无措。听到这里,我和丁哥相视一笑。

下午陪这位老蔡科长(一直到吃饭,我才记清楚三位的姓氏)等到两个证人,他们轮流在询问室里做笔录。而在外面,总有一个人陪丁哥和我抽着烟,山南地北地胡侃,夹杂一些奉承或者真心的感谢,我们听着也很受用。

办案中难免会需要出差取证、核证,尽管我只出差去过附近几个省市,但在和其他侦查员的交流中能够感受到,虽然现在我国整体的法制环境的确在不断优化,年轻、专业的法律人正逐渐成为司法主力军,法律知识、执法意识、责任观念都在不断增强,但各省市之间的差异还是客观存在的。出门在外,多少也要"入乡随俗",依照当地检察院的风格来办事,或紧凑,或拖沓,都不是我们能决定的,有时受点委屈,也是难免。

老蔡临走前,特意要来我们局长的座机号码,当场打电话希望请局长、范科长和我们几个一起吃一顿便饭,毫无悬念地被局长婉拒了。老蔡还给我们手里一人塞了一包香烟,也被我们推了回去。三人一路拱着手,连声道谢走出院门。待我笑呵呵地回过头来,看到丁哥也在乐,开玩笑地说:

"本来说不定还能拿一两包好烟抽抽,但被他们这样一路夸过来,怎么还好意思收呢?"

细细想想,看样子,这位蔡科长还真是一个老江湖,和他比,我们啊,还是嫩了点。

来自深渊的怪物（一）

> 征服自己的一切弱点，正是一个人伟大的起始。
>
> ——沈从文

尼采的《善恶的彼岸》中有一句话曾经让我不寒而栗："和怪物战斗的人，应当小心自己不要变成怪物。当你凝望深渊时，深渊也在凝望你。"

肯定有人会问，反贪局天天查别人，那么谁来查反贪局呢？我自己也曾经有过同样的疑问。法律明确规定，检察机关受人大监督，但各级人大常委会及普通人大代表都缺乏制度化的线索来源和调查机制，所以这种监督基本局限于纸面，甚或仅体现在每年"两会"期间对检察院报告的审议工作中。实际上，各级检察机关更多是受上级检察机关的监督和领导，同时也受所属区域纪委及本机关纪检监察部门的监督。

也有人会问，上级检察院是怎么知道下级检察院问题的？简单啊，检察院怎么知晓其他人的职务犯罪的，那上级检察院就是怎么知道下级检察院的问题的。检察人员也是人，也可能发生形形色色的犯罪，检察人员在职务行为之外，并没有任何法外的容情之处，甚至可能会被以知法犯法为由加重惩罚。任何人知晓检察机关或者检察人员的违规、违法行为，都可以通过申诉、举报等途径进行反映，上级检察机关及相应的各级纪委、监察部门自然就会获得相关线索并追查下去。

有人会继续问，反贪干警天天喊抓喊判，那是不是自己也会受贿，或者贪污？根据最高人民检察院向全国人大所作的工作报告，2016

年,全国共立案查处违纪违法检察人员474人。虽没有具体说明这些人涉嫌的具体罪名和数量比例,但我觉得里面肯定是有职务犯罪,也肯定是有反贪干警。反贪干警身处执法一线,拥有法律赋予的侦查、立案、羁押等执法权力,贿随权集,只要拥有权力就自然会有"追随者"。而贪污受贿,考验的是人的贪念,不会因为他的职业或从事的工作内容而完全免疫。只能说,长期在一线反贪岗位的干警对于法律的规定、人性的丑恶、作恶的后果,应当有比一般人更为深刻的感受和体会。如果有了这样的经历,还选择职务犯罪,这类人,要么是贪心过大,要么是胆子过大,仅此而已。

接下来的三个故事,都是发生在"身边"的故事。虽然这些事并不是直接发生我的身边,甚至不一定在我所在地区,但这些人的身份和我很像,都曾经是公检法系统的"同志""战友",是离法律最近的那一群曾经"凝望深渊"的人。

老秦是一名辅警。既然叫老秦,年纪自然不小,曾经务农,后来又去南方做了十年泥水匠。到不惑之年,老秦决定回到家乡,寻找一份家的安定。家里人张罗为他找了一个早年丧夫、勤恳本分的妻子。婚后,通过身为派出所所长的大舅子的关系,老秦受聘成了一名派出所辅警,总算有家又有业了。

辅警是我国由于警力不足,为维护社会治安而组建的"辅助警察"队伍,通常由非专业民间化和半专业职业化的两部分组成,由公安机关直接管理和指挥,主要用于社会联防巡逻,装备配置介于保安与正式警察之间,不可持枪,但有统一制服并配备少量戒具。从法律意义上讲,辅警不是警察,没有执法权、侦查权等权力。理论上,在发现违法犯罪时,辅警只有协助公安干警将犯罪嫌疑人扭送至公安机关这一普通公民都享有的权利。但在实务中,公检法都会将他们作为公安力量的一部分来看待,尽管他们的文化素质、法律素养同在编的公安干警有一定差距,但他们在维持治安、维护秩序、保障法纪上做出的贡献绝对不容抹杀和忽视,尤其是在面对暴力犯罪分子的时候,在编公安干警同辅警流出的都是一样的鲜血。但辅警的待遇不受国家财政部门保障，大都由各省各市行政规定或内部政策加以规定，薪水普遍较低，有时还会沦为"临时工"，因此导致其流动性较大、素能不一等现状。

漂泊多年、心念安定的老秦并不在意这份收入的微薄，他尤其喜欢穿着和警服大同小异的辅警制式制服走在路上，沐浴着身边行人尊敬、害怕或羡慕的目光，享受着这一份强烈的存在感。

多年的在外打工生涯，使老秦养成了一些生活习惯，比如恋酒贪杯。老秦不喜欢在家独酌，即使只是一个人，也常常于傍晚下班后踱到附近的大排档或者是小酒馆，点几个便宜的下酒菜，弄瓶二锅头，慢悠悠地吃个两三个小时再回家。慢慢地，附近居民也习惯了这么一个爱穿"警服"在小酒馆喝酒的"老警察"，老秦也乐得逍遥。老秦常去的一个小酒馆旁边有个小"发廊"，里面没有吹风机，也没有梳子，甚至都没有剪刀，但晚上的"生意"很是兴隆。发廊的老板徐姐，人如其姓，"半老徐娘，风韵犹存"。徐姐也注意到了老秦，借着各种机会常去和老秦聊天，每次都给老秦加几个"硬菜"，能言善道的徐姐每每都哄得老秦心满意足，不久便成了无话不谈的"老朋友"。

辅警的工作之一便是辅助公安干警开展一些专项违法犯罪行为的打击活动，比较典型的就是扫黄、扫毒、扫赌等行动。这类行动有半公开的，也有完全保密的。半公开的打击行动是指，在一段时间里，集中、多次、高频率地重复打击，这类行动一旦开始，各类违法犯罪分子一般闻风会有所收敛，而社会风气则往往会大好一阵；完全保密的打击行动主要是突击检查，一些基层的公安干警和辅警只能在临行动之前才收到通知，且一般在出发之前都不知道打击的对象和目的地。这种行动往往是违法犯罪分子最担忧的，如果被抓到现行，很可能整个店都要被抄，另外还要面对大额的罚款，甚至是牢狱之灾。

徐姐也是忧惧人群之一。她经常在聊天中对"秦大哥"叹苦经，吐苦水，酒酣耳热的老秦一拍胸脯，便把事儿给揽下来了。

酒醒后，老秦犯了愁，自己一个小小的辅警，怎么能办成这个事儿呢？"功夫不负有心人"，老秦总算找到了门路。

尽管公安内部对突击检查行动的保密工作做得比较全面,但凡事总有规律,如果是市里部署的打击行动,区里常常都不清楚具体情况,派出所更不可能事先知情,但如果是区里的行动,尽管大部分人都不知道,但老秦的所长大舅子,多少是心里有数的。老秦当然不敢直接问,不过他在一次家庭聚餐时从嫂子口中找到了"窍门"。原来,大舅子平时上班是骑电瓶车,十几分钟便到单位,晚上再骑回家吃饭。但如果当天晚上要加班,大舅子晚上肯定陪弟兄们一起,不会回家吃饭,早已成家的侄子一家在另一个大城市工作,嫂子这天就会一个人回娘家吃饭,就要用电瓶车,那大舅子这天上班就得骑自行车。

从这么个小细节,老秦对于当天会不会有突击检查行动自然就心里有数。自此之后,老秦的酒桌上更是顿顿有鱼肉、餐餐有鸡鸭,徐姐的"发廊"也成了一条街上最安全的"安全屋"。时间久了,见到徐姐不营业,一整条街上的同行也都跟着闭门歇业,搞得派出所好几次行动都扑了个空。

世上没有不透风的墙,其他眼红的"发廊"将一封举报信送到了市公安局。骨子里老实本分的老秦,很快就将实际情况全部交代了。市局督察经过多方印证,确定老秦和徐姐并没有直接的金钱关系,也没有不正当的男女关系,但身为辅警,知法犯法,应给予纪律处分,于是便将其先放回了家。临走时,市局的办案人员还安慰他:"你比其他人好多了,没事的,大不了不做这份工作而已。"老秦听了之后低着头,一言不发。

木然回到家里的老秦,面对着尚不知情的妻子并没有多说什么,没有洗漱便去睡觉休息了。

第二天是周六,早上妻子外出买菜,老秦还是没说什么。

当妻子回到家中,老秦躺在床上,已经故去,嘴角还有农药的残留,身上还穿着一整套的辅警制式制服。

公检法都有自己的制服,穿着制服,神采飞扬,引人注目。在工作中,作为执法者,被执法者自然恭敬客气,甚至唯唯诺诺;而回到家中,身为公检法的公务员，也很容易获得家人和亲朋好友的尊重，这满足了不少人的虚荣心。但制服的背后，也肩负着履职尽责的义务，如果只是享受虚荣却放弃了职责，其实自己已经把这身制服给"扒"下来了。

来自深渊的怪物（二）

> 遵守诺言，就像保卫你的荣誉一样。
>
> ——巴尔扎克

检察官誓词如下："我是中华人民共和国检察官，我宣誓：忠于国家、忠于人民、忠于宪法和法律，忠实履行法律监督职责，恪守检察职业道德，维护公平正义，维护法制统一。"

中国有句俗语，"灯下黑"，原意是指灯具下面的影印区域往往比其他地方显得更黑暗，被引申到人们对发生在身边很近的事物和事件反而不易察觉。对于司法机关而言，就是负责打击非法行为的机关内部，本身反而易于存在非法行为而不自察。引申到法律人身上，一些人长期办理案件，自信于自己的办案能力和办案经验，鄙夷和蔑视案件中一些当事人的行为，但当类似的事情发生在自己身上的时候，却仍然难免重蹈他人的覆辙。

检察院是负责法律监督的司法机关，履行审查案件、监督案件、查办职务犯罪等职责，但其内部也设有很多同其他机关一样的行政部门。不过，对于外界而言，只知道有检察院和检察官，对于其中的实际工作和职责分工并不知情。

老童已经在检察院工作了快三十年，头十年在公诉岗位，中间十年在反贪局，最后十年在政治部。老童最朝气蓬勃的岁月忙碌在审讯室内、案卷卷宗前，而剩下的检察岁月可能都要消磨在办公室里。但已经渐渐远离检察业务的老童依然保留着他的检察官身份，也享受着凭借其资历和年龄应得的尊重。

临近退休的老童，身边巴结的人越来越少，吹捧的人也不见了踪影，看着反贪、公诉的检察官们忙忙碌碌，自己的失落感越发强烈。突然有一天，一个许久不联系的名字出现在手机显示屏上。

龚经理是一个医药代表，多年前老童在查办某医院科室主任案件时曾经向他取证，尽管龚经理也向这名科室主任"表示"过，但由于涉案金额较低且龚经理态度端正，配合做证，所以局里当时没有追究。当时身为副科长的老童，春风得意，一言九鼎，给龚经理留下了深刻的印象。由于工作原因，龚经理留下了老童的联系方式，每逢过年过节，龚经理的祝福短信从没中断过。多年未见的"老面孔"突然邀约，老童虽然不明就里，但还是赴约了。

饭局上推杯换盏，起先只是一些日常的寒暄，随着酒酣意浓，龚经理打探起老童的近况，龚经理一句"童检当年已经是科长了，现在想必都是局长了吧"，把多年不受如此"高看"的老童捧得七荤八素，得意忘形地表示了肯定。龚经理更是兴致盎然，陪老童喝得尽兴而归。

之后龚经理又多次邀请老童外出宴饮，席间陆续多出不少新面孔。对于老童，龚经理一直以反贪局长的名头介绍，换来的大都是宾客的赞美和尊敬。被众星捧月的老童也从不否认。

直到有一天，老童在宴席中认识的龚经理的一位朋友何总单独提出请老童帮忙，将一个已经被另一区检察院反贪局立案查办并拘留的犯罪嫌疑人给"捞出来"，事成之后将酬谢五十万，并当场给了老童现金十万元。老童面对这笔天降横财，难免心动，但又担心自己实际能力有限，无法办成此事，会受到牵连。正当老童犹豫不决之时，何总多番表示，无论事成与否，这笔钱都是给老童的"疏通费"，无须交还，龚经理也在旁应和。财迷心窍的老童半推半就，最后还是收下了这笔钱。

拿人手短，老童只得竭尽全力去打听和试图"捞人"。期间龚经理多次询问该事的进度，老童寻找各色理由搪塞过去。而对于老童再三提出退回这笔"疏通费"的想法，龚经理也一次次用各种理由打消老童的顾虑。这件即便是真局长也不能办成的事情，在老童手里更是处处碰壁，最终自然是无功而返。

何总通过其他途径一打听,了解到老童的真实情况,瞬间恼羞成怒。被迁怒的龚经理于是写了一封举报信寄到省检察院的控申举报大厅。老童最后落得个晚节不保,身败名裂。

在社会上一部分人看来,能够走进机关大院说明了一种资格和本事,仿佛机关大院里面的每个人都有着魔力,可以肆意掌控这整个机关的各项权力,将老百姓玩弄在鼓掌之间。这种想法只能说是幼稚加臆想。

英国历史学家阿克顿勋爵有句名言说:"权力导致腐败,绝对权力导致绝对的腐败。"这已是公论。这些年来,各个国家机关的公权力不断被分割、被限制。不仅机关和机关之间的权力被适当分割,以免产生无法无天的域外之地,机关内部的各个科室、各个岗位之间的职能划分也在不停地调整,如检察院内部建立的办案责任终身制、领导干部过问案件登记制、案件轮分制(避免指定办案现象)等,都是在避免一些领导或者岗位对于部分权力产生乾纲独断的可能性。反贪局办案过程中,各项具体业务(侦查、立案、采取强制措施、侦查终结等)都需要层层审批,仅仅"搞定"一个人是无法控制整个案件结果的。特别是这几年大力推动的司法改革,将要实行的办案责任终身制成了悬在每个检察干警头顶上的利剑,个案承办人的警惕心和敏感性都明显加强,唯恐铁案办成人情案,过了十年二十年再被翻出来,自己还得吃不完兜着走。

以后想要徇私枉法,只会是难上加难。

来自深渊的怪物（三）

勿以恶小而为之，勿以善小而不为。

——刘备

随着依法治国进程不断推进，人民法律意识和自我保护意识不断增强，各地民事、刑事法律案件不断增多，直接导致各级法院都陷入案件不断增加的压力之中。案多、人少、报酬少、压力大成了大部分法院面临的现实问题。自多年以前开始很多法院就招录大量聘用制书记员，也就是劳务派遣制的书记员，这些人不属于公务员编制，但协助法官做了大量的辅助工作，这些人就像是医生身边的护士，虽然不主刀，但是递刀送药，同样救死扶伤，不可或缺。

聘用制书记员尽管上升通道被关闭，但除了收入基数较低，增长速度较缓之外，法院内部的各类福利和关心也不少，而且在法院工作的身份，在外人看来也是光鲜亮丽，算是半个铁饭碗。故而很多基层法院都有一批从业数年乃至十余年的资深优质书记员，承担着法院各庭大量繁重冗杂的日常性工作。

小赵就是其中的一员。在某法院民庭已经工作了近十年的她，任劳任怨、踏实肯干，又细心周到，获得了自庭长到助理审判员的一致赞赏。法院里的小赵为人开朗乐观，人缘极佳，但回到家后，却成了受气包，这都"归功"于她的丈夫小强。

小赵和小强结婚十多年了，小强一直是个好吃懒做的社会闲散人员，多年没有正式工作的他，主要的"经济来源"便是"啃老"和"啃妻"，晚上常常是不醉不归，动不动就责骂小赵赚不到大钱，有时还拳脚相加，老实的小赵不还嘴、不还手，只是默默忍受。

突然有一天,小强回到家里就开始收拾细软,说准备一个人出去待几天。小赵感觉不对,多次追问,总算逼小强说了实话。原来,小强受狐朋狗友唆使迷上了赌球,同大部分倾家荡产的赌徒类似,都是从小赢得利开始,至大输欠债结束。面对二十余万的债务,小强准备一走了之,小赵却还舍不得这个其实已经千疮百孔、支离破碎的家,外柔内更柔的小赵竟动起了歪脑筋。

由于小赵为人踏实诚恳,又有多年的辅助办案经验,庭长和各位审判员都授权她独立处理多项工作并给予了充分的信任。小赵的工作之一便是保管审判过程中当事人提前支付或者被扣押的诉讼保全等款项,并在符合相关法定条件(如原告撤诉、判决生效等)后,如数归还当事人。对于这些款项,部分当事人的敏感性不强,加上对法院的高度信任,往往都是等法院通知之后才去法院取回,并不在意准确的时间。小赵为了偿还小强的赌债,通过伪造审判员和当事人签名等方式,以现金方式领取出相关款项,擅自挪作己用,然后再故伎重施,拆东墙补西墙,以后面领取的款项返还给之前的当事人。

当小赵将辛苦"筹"来的现金送到小强面前时,小强欣喜若狂。小赵原以为自己的所作所为换来的是小强的浪子回头和家庭的重归圆满,但事与愿违,小赵成了小强眼里的摇钱树。此后小强变本加厉,除了继续赌博,还开始四处挥霍消费,不断地压榨小赵,懦弱的小赵只有不停地退让,不停地挪用,不停地填充着小强的无底洞。

凡事都有一个度,每件事都在自己的度里循环、周转、相互影响,但互不干扰,便形成了社会的规律。度与度之间有时会有重合,但更有泾渭分明、不可逾越之处,那就是界。小强原来尽管好吃懒做,但家里的正常收入勉强能够满足他的懒惰和消费,他就还在自己的度里面,至其沾染上赌博的恶习,那就是越界,打破了原有的平衡。而小赵原来在自己的度里,工作负责,一切井然有序,但她也选择了越界,之后便有一而再,再而三的越界,直至一发而不可收。

起初小赵挑选的都是标的比较大的民事案件,由于挪用的金额不多,直接受影响的案件数不多,小赵也应付得来。但随着小强的"狮子口"越开越大，小赵不得不挪用更多的金额，影响更多的案子，终于有一天，小赵崩溃了。

小赵向庭长哭诉了自己的行为，庭长也无能为力，只能将她送上被告席。

后来，小强的父母变卖房屋将挪用的公款补上了，小赵被判决为挪用公款罪的主犯，小强被判决为挪用公款罪的从犯。

我在求学的时候曾经一直都觉得，学法律的目的就是了解法律、尊重法律、遵循法律、使用法律，有可能的话，完善法律、弘扬法律。父母向别人介绍我是一个学法律的人时，我常常能感受到别人眼神中的欣赏，仿佛学法律的人一定就是正直的好青年。中国某政法类大学本科学生的入学誓词中有这么一段话："挥法律之利剑持正义之天平，除人间之邪恶守政法之圣洁，积人文之底蕴昌法治之文明。"

经过几年的办案实践，我慢慢想通了一件事. 法律是正义的，但法律人却不一定都是正义的，问题不在于法律本身，而在于司法者与执法者。无论是持法、守法，或者是用法、制法，都有一个最基本原则，也是很多人都没有做到的事情，那就是敬畏法律。你先得敬重、畏惧法律才能掌握法律的根本，法律本就是堵塞内心深处过度贪婪欲念的门锁，如果不锁紧，里面的洪水猛兽就会脱笼而出，最终害人害己。

柏拉图说过："好人之所以好是因为他是有智慧的，坏人之所以坏是因为人是愚蠢的。"智慧和愚蠢是有评判标准的，好人和坏人也是可以辨别的，但事实上，聪明的人也会做蠢事，拥有正当职业的人也可能做坏事，维持法纪的人也可能破坏法纪，这些都可能发生，而且正在发生着。

天网恢恢，疏而不漏

万事劝人休瞒昧，举头三尺有神明。

——《增广贤文》

虽说反贪局干警天天抓贪官，天天谈反腐，自身也常常会被上课，会被安排警示教育、政治学习，重点也是围绕预防职务犯罪，怎么坚守初心，怎么防微杜渐，怎么警钟长鸣之类的。在一次廉政教育时听来的真实案例，让我印象特别深刻，很有感触。

2008年8月1日，重庆市第二中级人民法院一审宣判：被告人晏大彬犯受贿罪，判处死刑，剥夺政治权利终身，并处没收个人全部财产，受贿所得赃款予以追缴上缴国库。

晏大彬自2001年10月起担任重庆市巫山县交通局局长，同时兼任该县长江公路大桥建设领导小组成员兼办公室主任。2001年至2008年初，晏大彬利用职务之便，在巫山县公路、桥梁等工程的发包、修建过程中，为他人谋取利益，多次收受他人送给的人民币计2218.4万元及美金1万元，折合人民币共计2226万元。

此案在当时可谓是轰动一时，巫山县是国家级贫困县，一年财政收入1个多亿，晏大彬受贿2226万元，相当于这个贫困县一年财政收入的1/5。而且晏大彬在位七年，平均每天受贿额高达1万多元。

一个贫困县的交通局局长，估计也就是个正科级官员，竟然能够受贿如此之多，小官巨贪，的确触目惊心。而其案发过程则相当诡异，非常戏剧化。

在这个小县城里，21世纪初的2000多万可以说是天文数字，晏大彬和妻子思量再三，觉得这样的巨款，无论如何不敢放在家里。但若是存在银行自己的账户上,怕惹祸上身,存在别人账户,自己又不放心。后来,晏大彬想到一个办法,托人在成都买了一套小公寓,然后将这些钱款以百元大钞现金形式一捆捆地放在房间里,自以为神不知鬼不觉。

谁曾想有一天,这间公寓楼下住户突然发现楼上水管爆裂,敲门无果后联系物业去查看。物业确定此房未经装修,也无人居住,便用备用钥匙打开房屋进行检查。整个公寓已然是水漫金山,物业经理发现毛坯的客厅中央放着八个密封着的矿泉水纸箱,出于好意,打算将箱子移到高处摆放。但这些久经水浸的纸箱,一经提拉,不堪重负,随即分崩离析,一刀刀崭新的百元大钞散落在地。物业经理和维修工误以为是进了假钞工厂,大惊失色,立马报警。公安经过清点确认这939万元是真钞,于是便开始顺藤摸瓜进行调查,不久便将晏大彬捉拿归案。

有人可能这么说,如果这些钱存在他处,可能不会案发;即便放在这套公寓里,如果水管不爆裂,可能不会案发……如果物业经理不管闲事,可能不会案发,那么晏大彬还能继续做自己的交通局局长,过着逍遥法外的日子。但事实是晏大彬付出了生命的代价,他的故事还成为全国国家干部的警示案例。

我一直都认为,不是每一次犯罪都一定会被惩处,但你一旦犯罪,就如同买了一张奖券,这张奖券将不停地在奖池里面旋转,无法预料哪一天会被抽到,也可能永远抽不到,可是如果你"中奖"了,你就无法再侥幸了,职务犯罪案件尤其如此。若要人不知,除非己莫为,每一个违法犯罪的人,都应该有这一份觉悟。查办的案件越多,你就越会发现,确实有很多案件没有被发现、处理,有很多职务犯罪的对象一直逍遥法外,而且可能这辈子都不会被发现和查办,但世上没有绝对不漏风的墙,也没有绝对不会让人知晓的真相,只有不伸手,才最坦荡,一伸手,"奖券"就进"奖池"了……

我和领导有个约会

居高位者,以知人晓事二者为职。

——曾国藩

在机关文化中,"官大一级压死人"是常态,检察院和反贪局也不能免俗。在我们区,反贪局的一把手和工商局、税务局、卫生局、教育局等单位的一把手都是同级的,而我们检察院的领导,还有法院、公安的领导,都要再高半级。在侦查员们看来,我们的领导比一般机关的一把手高半级,这是我们可以去相关单位抓人的缘由之一,也是我们办案的底气来源之一。至于更高级别领导的案子自然会有更高级别的检察院去侦办,也就不用我们操心了。

这几年,我们院换过好几任领导、分管领导(副检察长),有退休的,有升迁的,变动很频繁。每个领导都有自己分管的部门。普通干警离领导的台阶有:科员、科长、分管检察长(往往兼任反贪局长)、检察长,同领导之间的距离仿佛有千山万水那么遥远,那些入院五年以内年轻面孔,能够被检察长叫出名字的都算是长脸的青年才俊,基本上等领导认识你了,说不定他也快要被调走了。

在机关里,能够获得领导赏识的有几种人。第一种是背景够硬的人(说不定背景比领导还硬),这种人自然是"香饽饽",有时甚至领导都要主动结交。可惜,这样的人大多出现在大家的传言中,真的落在我们身边的这种"天之骄子",实在是凤毛麟角,而且这些人即便来了也很快会一路高升而去,对我们日常工作、生活真正的影响反而很少。

第二种是所谓"马屁精",十分擅长权术之道,在领导面前游刃有余,处事周全,获得领导的赏识。在很多影视剧作品中,皇帝身边总有几个奸佞之臣，逸言绕耳，祸国殃民。有人觉得"马屁精"都是些没有真材实料，只靠嘴皮子阿谀奉承、溜须拍马的人，这多少有点戴有色眼镜看人，脱离实际了。这几年里能够成为领导"近臣"的人，其实都是多少有点真本事的人，尽管他们的确能说会道，深得领导欢心，但领导终究不是皇帝，领导也要办实事，也要接受上级的考核，更有变成更大领导的想法。这些"近臣"不仅要在领导面前把话说漂亮，还要把事情做漂亮，若被发现是只说不做的"假把式"，很快就会被领导冷落。而且，能摸清领导心意的"玲珑心"，和其他干警的关系也不会太差，能替领导"包装"业绩，道出个一二三四的"好笔手"，检察业务也不会很生疏，多少都是有些真本事的。

第三种是执行力强的实干派。基层检察院的各项业务每年都要进行考核，各同级检察院之间也要分出个三六九等，这不仅关乎面子问题，也和领导个人的绩效考核、职务升迁有着千丝万缕的关系。所以，领导需要一些老黄牛来耕耘、付出，当然，其中一些能力突出、懂得体会领导意图、做事动脑子的下属，也成了领导眼中的"千里马"。侦查三科的孔科长就是这样的人，年轻有为，办案动脑子，又有手腕，他敢于立下军令状去查办案件，有苦活累活要办时，他也从不推脱，短短五年就从办案组长升到副科长、科长，虽然有点火箭升迁的感觉，但是他们组、科每年办理的案件数量、案件强度都有目共睹。而且，他情商极高，需要出力时敢拼敢闯，获得荣誉时又懂得谦卑，尽管不是一个天天围着领导转的"马屁精"，也照样深得领导赏识。

对于基层干警而言，和领导相处是件很心累的事情。譬如你做出了一点成绩，领导来慰问你，你不仅要谦虚，还得"虚伪"地归功于集体和领导的英明领导。而你如果做错了事，就得全部自己兜下来，否则不仅领导给你脸色看，你的科长、组长也会朝你翻白眼。

一旦获得领导的关注，得到的不仅是更多的表现机会，还有更多的升迁机会，比如参加上级机关组织的技能比武、参加一些有价值的干部培训之类的，这些机会都是有限的，让谁参加，往往是几个大小领导就决定了。而在所谓最民主公开的提职提干等事项中，有领导的大力认可,自然更容易水到渠成,而如果领导给你几句负面评价,你的仕途必须会坎坷很多。

以上不是机关厚黑学的内容,而是机关的真实土壤,甚至于在机关外的职场中,往往也同样适用,因为这些都是中国国情、人性、文化、社会环境的综合体现,回避这一实际,只是掩耳盗铃而已。我们这些小人物能做的,要么是出人头地,要么就是独善其身,这些道理,你若懂得,总是更好些。

在乎最该在乎的事

> 不奋发,则心日颓靡;不检束,则心日恣肆。
>
> ——朱熹

如果问机关里面什么最重要,我觉得不外乎人、财、物。"人"就是人力资源,包括人员编制(有多少人)、人员构成(都由怎么样的人组成)、人员规划(职业现状和发展远景)等方面;"财"讲得通俗点,就是薪金待遇,"吃"哪级财政,享受怎么样标准,基本收入及各类津贴的多少等方面;"物"是指各类客观的资源条件,包括办公场所、办公环境、后勤保障、业务资源等方面。我们常说,上级机关对下级机关控制力的大小,很大程度上就是看其对人、财、物的控制。比如,谁管我们的人员招录、职级晋升,谁就是我们的官老爷;谁负责我们的财政支出,给我们发钱,谁就是我们的财神爷;谁给我们提供办公场所,提供后勤支持,谁就是我们的舅姥爷。

上述内容中,个人最在乎的,最受到关注的就是"人",特别是职级职称的晋升。这并不是因为"财"和"物"无关紧要,而是因为在机关,你的职级越高,你能享受的"财"和"物"往往也越多,这也体现了能者多酬、优质资源集中等原则。所以,每次提职提干的时候,都是最扣人心弦的时候。

公务员的职级分两类序列,一类是领导职务序列,一类是非领导职务序列。领导职务序列由科员、副科、正科、副处、正处、副局、正局等组成,非领导职务序列由科员、副主任科员、主任科员、副调研员、调研员、副巡视员、巡视员等组成。能成为领导职务序列的,大约也就占全部公务员的1/5,其他大部分人工作一辈子追求的只是非领导职务的不断晋升,但由于公务员管理相关规定的限制,非领导职务的数量也是有限的,也就是所谓"编制有限"。符合晋升标准的干警每年平均下来,只有一半左右能够顺利晋升(这一比例完全根据各地实际情况而因地而异,本文所述并无参考价值)。

我入院的第三年,正好是丁哥提主任科员、陈哥提副主任科员的年份,大约在公布提干通知的一两个月前,两个人的状态就更加不一样了,工作都特别认真,外调特别积极,即便误了饭点也从不埋怨。我开始的时候还没有开窍,以为两个人是被哪个领导打了鸡血,或者是发愤图强想当劳模呢。直到被韩老师点开,我才恍然大悟。

提干通知出来,副主任科员符合条件的有15人,可以通过的名额却只有7人,主任科员则是7进4。所有的"候选人"都早早地将自己的述职报告发到网上的公示栏,迟到早退的人明显少了很多,整个机关的精神面貌也有了一定的改观。

提干的第一关是民主测评,就是全院全员投票,也就是考验各人的人缘,但除非人缘极差,票数畸低,否则基本不会被筛去。

第二关是个别交流,这是由政治部、纪检监察等部门人员同相关科室领导、群众代表进行个别交谈,交流的内容自然和候选人有关。我没有在上述部门任职过,不清楚其中的具体规则,但的确有一些候选人由于外部举报、作风问题等原因,从候选名单中被拿掉的。听说多年前,丁哥提副主任科员时,就是在个别座谈环节,有个老同志评价他:"小丁各方面都不错,但是有个缺点,上下楼梯的时候,见到老同志不太主动打招呼,似乎对老同志不太尊重。"当年他就没能解决副主任科员,从此以后,丁哥便天天戴着近视眼镜,逢人都点头,见人就打招呼。第二年,他顺利解决了副主任科员的职级。

至于第三关,则是最关键的党组讨论。党组领导将会结合之前民主测评和个别交流的结论,最后决定晋升名额花落谁家。候选名单中群众基础扎实、办案能力突出、最近有立功表现的人,都更容易出现在最后的名单之上。其中有些人深得领导赏识,晋升之路自然也会更顺利些。另外,还有一些类似男女比例、科室比例等需要统筹权衡的事项需要领导考虑,接下来的基本上就是论资排辈了。这是大部分机关单位及相当一部分国有企业都会有的必要环节,也是很多人找人打招呼的关键环节。关键在哪儿呢?如果此时有领导在候选人中选出一个干部,罗列出他的诸多优点,力挺他晋升或者出任某些岗位,出于中国的官僚文化和人情氛围,自然是成功率大增,这是无法回避的事实。

至于再之后的上报组织部、公示等流程,基本上都不太会有大的出入。

为什么每到晋升阶段都会有诸多人挤破头去争取和展示?这不仅因为升职后的薪酬待遇会有一定程度的增加,这也是一种评价和地位:你有本事,所以才能比别人更早晋升,说明你有能力、你被赏识,这是值得骄傲和自豪的。

除作为公务员的职级晋升,作为检察院的检察工作人员还会面临检察官等级的晋升。检察官的等级更多地属于一种类似于职称的专业技术等级,大部分基层检察院里设有高级检察官、检察官、助理检察官、书记员等等级。普通公务员一进检察院就是书记员,随后根据工作年限,通过类似职级晋升的选拔方式,成为助理检察官,然后再成为检察官。

但根据司法体制改革的最新要求,上述等级将有所改变。书记员将成为辅助文员的称呼,而入职检察业务岗位的新进公务员任职满一年后即自动成为检察官助理,符合相关条件后,其中的一部分人才能通过遴选后成为检察官。而成为检察官将变成检察人员人生规划中的一道坎,没过这道坎,永远是检察官助理,过了这道坎,就将长期任职检察官。检察官助理及检察官的一级、二级、三级等级别,都会随着工作年限而自动增加,相应待遇也会增加。

反正是一入侯门深似海,从此晋升忙煞人。

致敬！ 离开的小伙伴们

在大多数情况下，进步来自进取心。

——塞内加

在检察院的日子里，我结识了不少好朋友，还有更多朝夕相处的同事。这些年里，每年都有新面孔来，也有老面孔走，其中既有商调到其他机关的，也有离开公务员队伍的，这些曾经一起在检察岗位上奋斗过的小伙伴们，在芸芸众生中也各有沉浮，令我这个还在检察岗位上坚守着的小侦查员心中不止一次产生涟漪。

颜颜老师，有颜值、有才华的活泼"软妹纸"，曾经在检察院的公诉科、办公室都工作过，业务、行政双达人，为人大方，乐观开朗，是小伙伴身边的开心果，也是领导信得过的"笔杆子"。颜颜老师同我私交不错，离职前我们两个曾在她的办公室里畅聊过。体制是碗温开水，煮着一个个年轻的小青蛙，习惯了，舒服了，渐渐地就变成机关体制内漫长排队的一分子，坐等着熬年限、熬资历，到站上车，到站下车，捧着铁饭碗，享受着路边行人羡慕的眼神，而故意不去留意窗外飞翔的雄鹰和雏鸟，偶尔抬头看看车顶板，就这么一辈子。可能有不少人享受这种安逸和恬静，但颜颜老师受不了，于是便冲到车外，成为一名律师。她离职一年多后，我又和她聊过一次。那是在她的新办公室里，喝着功夫茶，大大的落地窗外是我们城市的母亲河。尽管她尚未变成一个有名或者有财的大律师，但她现在已经有了自己的微信公众号，偶尔动动笔继续挥洒自己的文采，不再是公文，而是轻松随意的散文随笔。她也在新的战场上找到了新的一起耕耘的小伙伴，为了新的目标而奋斗。新的不一定更好，但如果你厌倦了旧的，再看到新的，多少有点羡慕。我看着她在落地窗前洋洋洒洒地畅谈自己展翅过程中的甜酸苦辣，止不住产生憧憬的感觉。虽然我没有那股勇气对现在的生活"Say Goodbye"，但我欣赏她，一朵喜欢盛开在苗圃外的向日葵。

天天老师，是我们院出名的才子，思维活跃，情商颇高，甜嘴加勤腿，深得部门领导的喜爱。可惜他有个短板，就是法律业务知识不够扎实，又没有精心钻研的劲头，在侦监科办案过程中曾因证据把握、定性定罪上业务不过关，惹了不少麻烦，可以说是个优点和缺点都很明显的一个人。后来有一年，团区委向各区属机关借人开展大型活动，他被借调过去之后，被区里看中，便把他留在区里。他先后在团区委、组织部等部门任职，发挥了他擅长人际交往的特长，一路顺风顺水。后来在组织部很受重用，被任命为一位区领导的专职助理。本来是件好事，可惜这位区领导和天天老师可能是八字不合，就是看他不顺眼，过了没几个月就将他替换掉了。这一下，天天老师从"金刚钻"变成了"边角料"，其他人常常在他背后指指点点，他自己也觉得前途无望，心生退意。听说他最近跳出机关大院，投奔了几个朋友，现在一家新兴的传媒公司工作，从事的也是外联、推广的工作，据说年收入比在区政府翻了不止一倍。

慧慧老师，是公诉科出了名的老黄牛，在岗位上任劳任怨耕耘了十多年，虽然平凡无奇，但也无功无过，每年上百个案子从她手上经过，鲜有差错和问题。但慧慧老师的确不是一个"活络"的人，永远待在领导眼中不起眼的角落里。每次评职级、评职称、评优秀的时候，慧慧老师常常要比其他人晚一两年。评副科，正赶上她生孩子回来，领导劝她等一年，她等了一年。评助理检察员，领导说名额紧张，让她发扬风格，她又等了一年。评正科，领导说让快退休的老同志先解决，她又等了一年；第二年她又在名单上，领导又说，你以后总能解决，这次让给年轻同志吧，她又多等了一年。这一次，赶上了司法改革，检察官要重新选拔，作为一名资深的办案骨干，每年的办案数也达到了标准，她刚向领导递交了报告想成为检察官，领导又来做她的思想工作："很多行政部门的老同志要来业务部门解决检察官员额的问题，你还是再等等吧……"这次她不想等了,她离开检察院,义无反顾地当了一名律师。和慧慧老师交流不多,但据我所知,她家不差钱,差的,估计就是这口气。

小康同志,干净清爽的白面书生一枚,是我的后辈,比我晚两年来检察院,在侦查一科办案。由于年龄相仿,又经常一起加班,我们有不少共同话题。他也是刚出校门,就入了机关门,原以为检察院同区政府里大部分机关一样,朝九晚五,做五休二,天天待在办公室里和电脑打交道。没曾想却被分到反贪局这个时而日夜颠倒、整日四处奔波的部门。小康在局里没呆多久,差不多一年多的时间就离开了,去一个证券公司做法务工作。对外的离职理由是希望换一个平台发展,其实我们都知道,他体质比较弱,每次通宵加班后,他都要好几天才能缓过来,有几次还累到生病吊盐水。他也曾有调整岗位的诉求,但领导没有特别重视,把他劝回了两次后,薄脸皮的小康一咬牙,直接就在外面找了份新工作。其实在我们局里,大部分人都能适应这种偶尔加班的工作强度,但人各有志,不可强求,工作是组织的,身体是自己的,对于他的决定,我们也都是尊重的。

机关文化里常常宣扬奉献精神,无私奉献、舍己利人、不求回报、吃苦耐劳。远的例子有雷锋、焦裕禄、孔繁森,近的有壮烈牺牲的歼15飞行员张超、上海市高级人民法院副院长邹碧华等,这些人一个个都无私到极限,甚至奉献出自己的生命。对于这样的人,我是尊敬的,但是这样的行为,常人一般难以效仿。在肩负公职身份同时,我首先是一个普通的凡人,觉得累了,我需要睡觉,觉得饿了,我要吃饭,如果有一天觉得工作已经把我压得透不过气了,我也会学小康,寻找更适合自己的环境。检察院里就算没有我,也不会有多大变化,但是我的家庭中没有我,一切就都变了。

看到这里,你可能会说,为什么离开检察院的都是那么优秀的人呢?难道就没有平凡一点的例子吗?不好意思,能够主动离开检察院的人,往往都是有能力的人,因为对现状不满意是很容易的,但是作出决定打破现状,肯定是要有底气的。但这并不是意味着留在检察院里的都是庸才,检察系统里也是有平台去展现,有高峰去挑战的,里面也是人才济济,高手如云。当然,检察院里面也确实是有庸才的,他们是没有勇气和魄力离开这个温室的,尽管在室外的花朵可能开的更灿烂,但是外面的寒风暴雨已经将这些庸才的胆子吓破,他们已经失去了在体制外生存的能力和勇气了。有一位前辈曾经说过:"公务员最好的状态,就是拥有随时可以离开并且可以比现在过得更好的能力。"深以为然。

另外还有一点,就是"似乎"离开检察院的人都过得很好。其实未必,无论是听说还是推测,从完全朝南坐的机关办公室踏入社会,从一个熟悉的环境到了新的陌生环境,这个过程肯定是需要适应和调整的,特别是在市场环境下,每个人需要面对新的挑战和苦难,其中肯定同时包含了酸甜苦辣,五味俱全。一旦有人离开了这个环境,踏入纷繁复杂的社会,华丽外衣下的汗与泪,自然不会随意与人分享。而人都是有虚荣心的,在同老同事交流的时候往往都是报喜不报忧,话甜不诉苦,这也是人之常情。而且在机关里,每个人的收入、职级、职称都不是秘密,很多私事也是茶余饭后的聊资,每个人的境遇是好是坏,也都不难知道。但是,在走出机关之后,他们的收入到底是几位数,境遇如何,心里是后悔还是庆幸,旁人却未必看得清。

在我的眼中,敢走出去的,都是英雄!我希望,每一个离开的人都是光鲜亮丽的。无论真相如何,我都衷心地祝福他们,在体制外能展翅翱翔,越飞越高。无论成败与否,至少他们有挑战的勇气。

第三篇
碎片与火花

　　工作多年来,除了办案,偶尔也会有一些"脑花四溅"的时刻,所见,所闻,所思,所想,一些不成熟的想法,加上略带立场的看法,扎在实务的土壤上,开出的这些"花",殊不知合不合看官您的口味?

窃钩者诛，窃国者侯？

> 金钱的贪求和享乐的贪求，促使我们成为它们的奴隶，也可以说，把我们整个身心投入深渊。唯利是图，是一种痼疾，使人卑鄙，但贪求享乐，更是一种使人极端无耻、不可救药的毛病。
>
> ——郎加纳斯

这几年，打开电视新闻或者网页，到处都是"打虎"声，一会儿这个贪污八千万，一会儿那个受贿一个亿，看到那些烧坏的点钞机，真有点"心疼"，浏览那些群情激奋的网络评论，我也会偶尔点个赞。但多年学法用法的经历，令我更加偏向理性，更何况身在一个基层检察院，最多也就是查办一些县处级及以下的领导干部，涉案金额极少有达上千万的。在基层反贪干警的眼里，一个人贪与不贪，更多只是看他是否达到了法律规定的职务犯罪的立案追诉标准，很少有机会跳出自己的工作和立场，从另一个角度去算一算到底贪多少才算贪。

先说说我们一贯遵循的立案追诉标准。立案追诉标准是指公安机关、人民检察院发现犯罪事实或者犯罪嫌疑人，或者公安机关、人民检察院、人民法院对于报案、控告、举报和自首的材料，以及自诉人起诉的材料，按照各自的管辖范围进行审查后，决定是否作为刑事案件进行侦查起诉或者审判所依赖的标准。说得通俗一些，就是犯罪情节达到什么程度或者犯罪金额达到多少金额，司法机关会进行处理。

有很多人，甚至包括一些学者，都喜欢将现行刑法中贪污犯罪的立案追诉标准同盗窃犯罪的立案追诉标准进行比较，并认为贪污犯罪的立案追诉标准远高于盗窃犯罪。贪污犯罪相当于盗窃国家的财物，同盗窃公私财物的盗窃犯罪有很大的相近之处，但贪污犯罪由于职务犯罪的主体特殊性,立案追诉标准却高了这么多,是明显不合理的。甚至有不少人拿出庄子"窃钩者诛,窃国者侯"作为论据,批评刑法的"卑鄙"。

现行刑法中,贪污犯罪的立案追诉标准(根据现行最新的刑法修正案及司法解释)是三万元,符合若干特定条件的,立案追诉标准是一万元;而盗窃犯罪,本市的立案追诉标准大约一千元,符合特定条件的(如入室盗窃、扒窃等),以及行为犯(行为即构罪),没有任何金额要求。很明显,贪污犯罪的立案追诉标准的确远高于盗窃犯罪,从一个普通公民的角度而言,我有时也会有同样的感觉。但从一个反贪干警、一个法学专业毕业生的角度而言,看法略有不同。

一是贪污犯罪同盗窃犯罪的社会危害性不完全相同。贪污犯罪侵犯的法益主要是国家的财产所有权及公务人员进行公务行为的廉洁性;而盗窃犯罪主要指的是《刑法》第五章"侵犯财产罪"中的盗窃罪,侵犯的是公私财产的所有权。一方面,尽管贪污犯罪侵犯的法益看起来更宏观,但在日常生活中,广大群众更希望能切身感受到的是公私财产的安全。而且,从犯罪人数量而言,盗窃犯罪的人数远远超出贪污犯罪的人数,社会危害性更广泛、更紧迫,更需要加大惩治力度来警示潜在的犯罪分子,令其"不敢为"。另一方面,盗窃犯罪很容易转化成危害性更大的暴力犯罪,在实务中也十分常见,《刑法》中还具体规定了盗窃行为转化型抢劫的条件,这也说明了盗窃犯罪容易转化为暴力犯罪的特性。出于预防严重暴力刑事犯罪的角度考虑,对盗窃犯罪的惩治力度也不宜过弱。反观贪污犯罪,主要还是限于经济犯罪,大部分情况下不存在人身伤害的可能性。因此,我国优先考虑广大群众的私有财产和人身安全,从严打击盗窃犯罪,还是有其必要性和紧迫性的。

二是贪污犯罪的实际犯罪成本更高。对于能够辨认、控制自己行为的人而言,任何犯罪都是有成本的。刑法之所以对不同的犯罪行为制定不同的处罚标准,也是体现了法律的指引作用和预防作用,任何人在犯罪之前或者犯罪时,都会受其影响,考虑再三。要构成贪污犯罪，首先要符合对象的身份要求，即原则上必须国家工作人员，有行使国家权力的条件，而盗窃罪没有身份要求，任何身份都可以构罪。从实务中看，如果一个国家工作人员被判犯贪污罪，他除了接受刑法规定的各项处罚之外，可能还会被开除党籍、失去原来的公职、失去原来的级别待遇、失去原来地位带来的优越感等。从国情上来讲，国家工作人员相对一般公民，或多或少存在一些不同，如优越感、尊严感、特别待遇等，这些都会因为贪污犯罪而消逝，同样构成犯罪成本。或者说，这是刑法之外，其他法律法规对于贪污犯罪的一种补充处罚，变相地增加了贪污犯罪的犯罪成本。如果贪污犯罪的立案追诉标准过低，也有可能会产生实际上罚大于罪的情况。可能我的这个观点有替领导干部开脱罪责的嫌疑，但实际上，一部法律被遵守，一个行为被制止，往往最重要的还是其警示效果，也就是所谓的敬畏之心，刑法并不是生活中唯一的警示源头，一个人对法律的敬畏，对处罚的惧怕，或者是各类羞耻心、尊严感、荣誉感都可能是其远离犯罪的源头。

　　三是贪污犯罪案件的平均案值较高。从实务中看，盗窃犯罪的金额小到鸡毛蒜皮、瓜果蔬菜，大到无价之宝、贵重文物，跨度很大。而贪污犯罪则呈现出"要么不贪，一贪必构罪"的现象，由于之前提到的犯罪成本等原因，大部分罪犯对于过小的金额不一定会着手实施犯罪。实际情况中，贪污五百元的人实在是少，因为不值得，但盗窃五百元的，却比比皆是。可见，贪污犯罪的立案追诉标准高于盗窃犯罪，还是有其合理性的。

　　四是中国特色的纪检监察制度。可能构成贪污犯罪的国家工作人员，基本上都担任公职，其中中共党员占比较高，如果实施了贪污行为，在接受刑法处罚的同时或者之前，还可能会被处以党纪、行政处分等。根据我国实际国情，有必要保证两者之间相互衔接、相互协调，在制定刑法立案追诉标准时为党纪、政纪发挥作用留有一定空间。就如现任领导人所说的，党纪应严于国法，反腐挺在前面等，这一精神是符合现有国情的。2015年，全国纪委共立案33万件、处罚33.6万人，而同期全国检察机关立案职务犯罪案件40834件、处罚54249人，纪委处分人数是检察机关的六倍。如果真的能够做到纪在法前,纪严于法,其发挥的惩处和警示效果,也是很可观的。最新的"两高"《关于办理贪污贿赂刑事案件适用法律若干问题的解释》第 1 条规定:"……贪污数额在一万元以上不满三万元,具有下列情节,应当认定为刑法第三百八十三条第一款规定的'其他较重情节',依法判处三年以下有期徒刑或者拘役,并处罚金:……(二)曾因贪污、受贿、挪用公款受过党纪、行政处分的……"这种提法也体现了立法者在考虑贪污犯罪立案数额时将党纪、行政处分作为对较低数额违法违纪行为处分的一种思路。

有人喜欢叫嚷,老百姓说他贪,他就是贪!国家是人民的,人民的呼声肯定是要听取,但也要客观地听取,客观地分析,更要客观地去制定法律和法规。一个人是否贪,这需要一种标准,一旦达到这一标准,贪了就应该受到处罚和制裁,但不一定全都需要由刑法接手,有时完全可以由党纪政纪甚至是道德谴责来处罚和惩戒。

刑法不是万能的,但没有刑法是万万不能的。刑法的严厉性和惩罚的不可逆性决定了它不具有普遍适用性,它只能作为最后一道防线使用。很多时候,刑法最大的作用不在于处罚,而在于警示、指导及预防,警示人们什么不可为,指导人们什么可以为,以及预防人们可能产生的犯罪念头。

我在这里都学会了什么

> 学来的本领,谁都偷不走。
>
> ——曾仕强

刚进入工作岗位的人,特别是应届大学生,都喜欢理想主义地描绘自己的职业生涯,幻想着自己如同各类电视剧中的主角一样,在工作岗位上不停地学习、提升,如同打怪升级,然后达到更高的平台,学习更高深的知识,办理更复杂的案子。但真相是:你可能永远都在做同样的事情,办类似的案子,学会相关的知识、技能之后就是不断地重温、重复,比如,拎着皮包跑外调,做小跟班去接待,根据对话打笔录,照着模板打报告,等等。只有当经验和阅历积累到一个你暂时无法想象的程度,你能独当一面或者是调整岗位时,才可能有质的改变,这个时候,可能你已经不停地重复工作了五年,甚至十年、二十年了。这就是机关工作,检察院里也是大同小异。在这里,我想说说除了重复性工作部分,我还学会了什么。

在检察机关工作,主要应用的都是刑法和刑事诉讼法方面的专业知识,和大部分公安干警类似,法律专业知识只是在刑事法律方面有用武之地,所以,和律师、法官相比,在知识面上的锻炼肯定欠缺不少。在检察院,公诉、侦监的接触面在于法律的专业面,反贪接触更多的是社会面。对于反贪干警而言,专业法律知识的使用频率并不高,更多还是要与人打交道,举报人、当事人、行贿人、受贿人、案发单位、当事人家属等每种不同类型的人的相处技巧都是一门艺术,都需要知识的沉淀和经验的积累。譬如,在案件初期,同犯罪嫌疑人及其家属千万不能说线索的来源,否则不仅可能导致犯罪嫌疑人产生侥幸心理,严重的还可能危及举报人的人身安全；对于案发单位，则不能过多介绍窝串案的情况，更不能透露该单位可能涉案的其他可疑对象，否则可能打草惊蛇，发生毁灭证据、串供甚至逃匿等情况；对于证人，则要注意言辞分寸，不仅要安抚，还要最大程度挖掘线索。反贪局办案，特别是与人交谈，一定要走一步想三步，说一句想三句，对于对象所有可能的想法都要有所考虑，一个"直肠子"的侦查员，每分钟都可能把案子给搞砸了。

作为反贪干警，必备的专业知识和素养还有审讯和反审讯、侦查和反侦查。侦查这方面，反贪干警可能未必胜过公安干警，但审讯方面的本领却是反贪干警必须掌握的。由于反贪干警面对的都是国家工作人员，犯罪手法往往比较隐蔽，且需要更多的口供来作为证据或者引导后续侦查，所以，审讯永远是反贪干警最需要钻研的技能。审讯方面的能力，只可意会不可言传，看审讯录像的时候，很容易分辨出谁更有技巧，更有效率，但要说出个所以然却很难，我觉得这应归结于经验和悟性。一个干了二十年审讯的老干警，整个人的气场都是不一样的，表面上根本看不出他到底知道多少，无论对方说什么，都能游刃有余地应对，就算是已经知道的信息，也像不知道一样去询问，即便是惊天的关键线索，他也能不露声色地静静地听对方说完。这种城府不是三两年就能够学会的。关于反侦查和反审讯，也不是说做过反贪的人经验丰富，就能够抵御一切侦查，抵抗一切审讯，这不是绝对的。只是做了这行，懂得里面的一些门道和"套路"，能吸取前人的教训，把坏事做得更隐蔽一些罢了。这些话并不是在抹黑反贪干警，只是事实而已，如果一个卖菜的人不会选菜，一个卖瓜的不会挑瓜，那才是笑话呢。

所以说，如果你是一个醉心学术的人，你可以去公诉处、侦监处甚至研究室去一展所学；如果你是一个斯文内秀的人，你可以考虑调去政治部或者办公室；如果你喜欢和人打交道，心思缜密，口才出众，还想去挖挖人性的阴暗面，那来吧，反贪局适合你。

除了上述专业知识和技能，还有一些业内公认的为人处世的规矩：

1. 无论你是学士、硕士、博士，不要随便发表意见。你在大学课堂和法律职业资格考试书本上学的那些东西在司法实践中能有 1/3 用得上就算很不错的了。在反贪实际工作中，刑法法条当然是最基本的知识，但除了刑法总论和分则里与反贪相关的法条外，工作中最实用的往往还是那些司法解释，没事的时候多看看最高人民检察院整理下发的一些司法解释汇编和典型案例集，对实际办案的用处更大。纯靠理论的书呆子，是不可能成为一个优秀的侦查员的。宋朝大诗人陆游在给儿子传授写诗经验时说过"汝果欲学诗，功夫在诗外"。如果将其嫁接到反贪办案中，那应该是"汝欲学办案，功夫法条外"。每一次办案，都可能要接触全新的行业、了解新的规章制度和行业规则，往往一串系列案件侦查终结，办案人也成了这个领域的半个专家。所以，我们要具备时刻学习、时刻准备接受新事物的头脑，随时准备接受新的挑战，醉心于新的知识之中。

2. 办案子要多用耳朵，少动嘴巴，勤跑腿，多做事，特别是新人。这个社会远比你想象中的复杂，而人心、人性更比这个社会复杂百倍。那些在你眼中不修边幅，一件深色夹克衫可以穿大半年的老同志，在审讯室里面说的每一句话，都是有门道的，其中凝聚了数十年的办案经验。一个好侦查员，能够有效整合所掌握的信息，通过对犯罪嫌疑人心态的分析，实时判断，做好各种应变的准备，随时攻击，突破最顽固的防备，同犯罪嫌疑人斗智斗勇从而获取最关键的信息。作为新人，首先做好书记员，多听多看多学少说，特别是要管住自己的嘴。记得有一次，在侦查初期，审讯受贿人的时候，受贿人的心理防线已经被朱副科长击溃，在侦查员的引导下，受贿人正在供述自己的犯罪过程，这时刘哥不小心说出了举报人所在单位，受贿人当场脸色一变，沉默半晌。朱副科长一个努嘴，陈哥大步踏进审讯室换出了刘哥。尽管之后在朱副科长的稳扎稳打下，这个受贿人最终还是对犯罪事实供认不讳，朱副科长还是把刘哥说了一通，因为刘哥的一句无心之失，差点影响了嫌疑人的心态和认罪态度。

3. 要学会看规矩,懂规矩,守规矩。反贪局也是局,也是机关,这里也有机关都有的规矩,加上法条给我们明文制定的程序规则,以及经验积累而来的"自然"规律,你都要遵守。你可以慢慢探究规矩背后的原理,但不要随便去质疑,甚至是挑战。反贪的战场不是舞台,不需要聚光灯下的舞者,我们只是黑暗中的执法者,为人处世千万不要太张扬。

兄弟，药不能停

健康的身体是灵魂的客厅，病弱的身体是灵魂的监狱。

——培根

根据《中华人民共和国职业病防治法》第 2 条的规定，职业病是指企业、事业单位和个体经济组织等用人单位的劳动者在职业活动中，因接触粉尘、放射性物质和其他有毒、有害因素而引起的疾病。依照这个定义，只有危险、有毒有害的一部分职业工作会引发职业病，但我这里想要谈的是作为一名反贪人，因为工作所带来的生理上、心理上的"职业病"。

生理上的变化：

首先，通宵工作、日夜颠倒容易导致生物周期紊乱，加上夜间过度疲劳后得不到规律休息，有时过度兴奋、过度紧张，有些同志还会采取喝浓茶、喝可乐、抽烟等提神手段。可以负责任地说，反贪局是全检察院抽烟比例最高的科室，没有之一。因为生活不规律，有些人有失眠、神经衰弱等状况，黑眼圈是反贪人普遍的"妆容"。

其次，尽管反贪干警不是长时间坐班，但外出办案都是驾车为主，在办公室里整理、制作相关案件文书材料时也是坐姿，容易发生慢性劳损性腰椎间盘突出、颈椎骨质增生、肩周炎等问题。一些反贪老同志，年轻时不注意健身，年长后病情越发明显，深受其苦。如今，我身边的一些年轻同志会去刻意养成一些体育爱好，譬如健身、游泳、羽毛球等，对避免上述病症应该会有帮助。

相比生理，在心理上的影响更为有趣。

1. 辩论强迫症。这是每个法律人都可能有的职业病。每个法律人对于每一节事实、每一份证据、每一条法条的理解,对于每一个法律原理的适用,都可能产生不同的观点和论据,经常会情不自禁地从各自角度进行分析和阐述,然后进行辩论和互相说服。尽管未必每次辩论都能有结果,但充分地表达自己的观点已经成了一种职业习惯,也是一种独立思考的专业态度。体现在日常生活中,可能就是过于较真,凡事计较对错,缺乏柔性。所以,如果你找了一个法律人做伴侣,可能就是娶(嫁)了一个唠叨的"唐僧",也可能是找了一个好为人师的学究;如果是两个法律人的结合,那饭桌随时可能变成法庭,鸡毛蒜皮也能成为辩论赛的辩题。

2. 完美主义强迫症。无论是每一份证据的收集、案件证据链的建立、事件内外逻辑关系的梳理,还是法律文书的校对等都要求反贪干警具有超乎寻常的严苛态度,生怕自己在办案过程中犯下半点差错,引发案件的程序、实体性错误。体现在生活中,就可能经常抓住日常的细节问题进行深入分析,对自己过于苛刻,对于他人言行中的逻辑错误也缺乏接受能力,眼里容不下沙子。

3. 强攻击性。由于平时经常对犯罪嫌疑人进行长时间、循环式、针锋相对的审讯,反贪干警很容易将在审讯中的沟通方式和语气,混同在日常生活中而不自知,一不小心就将责问的口气、攻击性的言语带进家门,无意中便错伤身边的亲近之人。《论语·雍也》有云:"孔子对曰:有颜回者好学,不迁怒,不贰过。"可能每个反贪干警都会常常在心里提醒自己成为家中的"颜回"。

4. 固化的质疑心态。反贪干警处理案件,由线索到案情,从表面到实质,都有个抽丝剥茧的过程。接触的每一个案件对象,都有可能在之后的案件中成为犯罪嫌疑人。对于案件对象的每一句话,一开始都是持质疑的态度,先怀疑,再论证,再相信,然后再质疑,周而复始才能更加靠近真相,找到真相,从而证明真相。任何未经证实的事实,都有可能是谎言。本来是严谨的司法态度,但如果不慎带到本应简单轻松的生活之中,就可能成为争吵的起点。

相对而言,这几个"心理病"的影响,更容易在反贪的年轻面孔上找到,因为随着阅历的积累,成熟度的加深,大部分干警还是能很好地辨析职业习惯和生活方式之间的区别,给自己的内心建立一个相对清晰的尺度,找到工作和生活之间的平衡点。但人是群居动物,很容易受到周边环境的影响,在一个群体环境中待久了,自然会被印刻上这个群体的"烙印",一时身为反贪人,终身都可能会受影响,这是潜移默化的。

请别信电视剧

>好恶不愆,民知可适,事无不济。
>
>——《左传·昭公十五年》

我们身处的二十一世纪是信息时代,这十年更是信息爆棚的年代,海量良莠不一、真假难辨的信息通过各类载体充斥在每个人的面前。然而由于种种原因,海量的信息缺乏有效甄别就直接呈现在大众面前,如同上半生都节衣缩食的贫民突然面对满汉全席,从一开始的手足无措,到饱览群食,再到挑食选食,极易从一个极端走向另一个极端。在全民参与的这个信息大时代中,产生了"网络愚民""网络暴民""键盘侠""盲信族""从众族""砖家"等各类"新兴人群"。这个世界没有全知全会的全才,对于自己不了解、不熟悉的领域,大部分人很容易就被貌似有理有据的信息牵着鼻子走,法律领域可谓是其中的重灾区。中国的法学可不是一门简单的学科,理论和实务都很复杂,不是随随便便看几集电视剧,读几篇社论就能搞懂的。记得有一次,我们询问一个证人,二十出头的小年轻,估计是看多了美剧,进了审讯室后,一会儿对着我们提"米兰达宣言",一会儿说要我们给他请律师,否则就要保持沉默之类的,当场换来一阵冷笑。当时朱副科长当场两眼直勾勾地盯着他,然后冷冷地说:"你有权利再考虑考虑要不要,我们也有权力过十个小时再来问你,你正好用这十个小时好好想想如果保持沉默,你准备好接受结果了没有?"这小子愣了愣,想了一会儿,最后还是认怂了。

在一个缺乏良性引导的环境下,太多群众以为电视剧就是实际现实、知识帖就是真知识,但往往差之毫厘,谬以千里。我这里举两个

例子:

证据

可能是受诸多国内外电视剧的影响,很多老百姓都以为公安警察神通广大,勘查一下现场,就能立即知道罪犯的身高、体重,甚至是脾气性格;随便翻一翻账册,就能发现隐藏其中的蛛丝马迹;对着犯罪嫌疑人怒目相视或者证据一放上桌子,对方立即就泪流满面,服软认错,对犯罪事实供认不讳。这样的情况在电视荧幕上比较多,在现实中则很少。

一个刑事案件,能够被认定是犯罪的条件,学术上有多种观点,通俗点讲,至少需要符合最基本几个要素:(1)存在清楚的犯罪事实;(2)有确实、充分的证据;(3)相关证据形成有效的证据链,并能证明犯罪嫌疑人应当对该犯罪事实承担刑事责任。

根据法律规定,在立案阶段的证明要求仅限于两点:第一,认为有犯罪事实发生,"认为"是主观对客观的判断,而不是确实有犯罪事实发生;第二,需要追究刑事责任。从理论上讲,只要符合这两点条件,就可以立案。比如说,如果发现某国有企业账目上有十万元人民币的亏空,有可能存在贪污或者挪用公款的犯罪事实,有可能需要追究某人或某些人的刑事责任,就可以立案,但是,这样的指导精神是可贵的,在实际的操作中是缺乏"土壤"的。一笔亏空,如果没有找到相关人员(可能是犯罪嫌疑人)了解情况就匆匆立案,很可能会由于种种原因导致无法结案(如多人没有预谋,分别贪污,每个人的贪污金额未达到立案标准;或者该笔款项其实被公司正常使用,但因为当事人或者财务人员遗失单据或突然离职等情况,产生信息登记错误,实际上无法立案等),最终只有撤案处理,徒增办案人员的工作量。基于这些考虑,基层的办案人员往往是"不见兔子不撒鹰",一定要等相关犯罪事实基本清楚且有了较为明确的犯罪嫌疑人之后,才会予以立案。

很多群众都会觉得,只要有了犯罪事实,案件自然就可以水落石出,习惯性地忽略了证据的重要性。刑事诉讼法对于证据是否确实、充分明确了三项条件:(1)定罪量刑的事实都有证据证明;(2)据以定案的证据均经法定程序查证属实;(3)综合全案证据,对所认定事实已排除合理怀疑。可以这么说,即使有犯罪事实的存在,但没有合法、合规、充分、有效的证据,就无法定罪。所以,对于案件事实中的每一个推论和观点,都需要有多重证据和实务经验相印证,很多犯罪事实,都是到最后关头,才会云开雾散,水落石出;而对于堆积如山的账册等书面材料,有时甚至需要一两个月的抽丝剥茧才能确定其中的问题。在实际办案过程中,花费数月乃至半年才能结束侦查阶段的案件比比皆是,对于每一份证据、每一个案件的审慎细致,是公正执法的基本要求。

作为一个普通人,我也曾经被小偷扒走过手机(累计一个),扒走过钱包(累计两个),每次我都报警了。我从心底里厌恶这些好逸恶劳、损人利己的小偷(这一情绪在我曾经办理普通刑事案件那段时间里得到过充分体现……),也曾经在心里连带着抱怨那些公安民警,为什么抓不到罪犯?为什么不能将他们绳之以法?为什么不能把我的失物找回?是他们蛇鼠一窝,还是民警渎职懈怠?但当我实际参与刑事办案流程之后,才渐渐明白,实际办案并不是理想化的,抓不到犯人的原因可能是多方面的。其一是效率问题,有些案件有比较明确的线索,就容易帮助民警办案。比如,现行犯被当场发现的,或者报案人能够直接说出犯罪发生的具体地点、时间,该处正好有监控,报警时间又及时,这种情况民警及时调取监控并进行抓捕就很容易成功。但如果报案人无法提供具体的地点和时间,或者该处人流量极大,民警需要连续查看数个探头数十分钟的监控,等民警花上一两个小时找到嫌疑人线索,他早融入人山人海,了无踪影。这种情况下,民警往往只会进行登记,并不会真正投入侦查。如果以后抓到这个小偷,他供认曾有这笔盗窃事实或者是找到了赃物,相关案子才有希望。其二是证据问题,有些时候抓到了人,抓不到赃,或是抓到了赃,但人却有合理解释,公安民警可能就像拳头打在棉花上,使不上劲。再比如,抓到一个扒手,但是赃物在扒手逃跑过程中被扔进河里,就算事后将赃物打捞上来,又如何证明这就是扒手当时偷窃的那个赃物呢?这属于证据链产生了瑕疵。这就必须严谨办案,遵守"疑罪从无"这一最基本的司法原则。随着社会法制化进程的推进,犯罪分子的法律意识也在不断增强,公安民警也不再是抓到人就一定能成案。其三,可能是个别民警的能力问题或者态度问题,这就因人而异,因地而异了。

"打招呼"

有些电视剧里面,案子办到一半,侦查员桌上的电话一响,这事情就必有变数。其中经常有上级领导打电话要求"放人",也有一些是亲朋好友打电话来"求情"的,这些剧情最后往往是两种结果,一种是遇到铁面无私的办案人员,严词拒绝,然后这人就被调离岗位之类的,另一种自然就是顺上意或者顺人情了。有些人依此就以为,只要自己有路子,"上面有人",就一定能够搞定每一个案子。这种想法千万不要有。人一旦有了侥幸心理,那就如同草原上堆满了干柴,只要有机会,就要"星星之火可以燎原"了。

很多人都觉得,反贪局长特别重要,甚至比检察长还要有用。很多时候,外界很多老百姓只知有反贪局,不知有检察院。据说九十年代的时候,还有过附近小区的孕妇,被家人送到检察院来,以为这里是"检查院",是可以检查身体的。当然现在基本上不会有这样的情况了,但检察院到底是干什么的,很多安居乐业的老百姓都不太清楚,而反贪局是干什么的,顾名思义,一目了然,特别接地气。

曾经有人来问我,是不是经常有人来找我"打招呼",让我们对谁谁谁更关照一些。我只能回应:"如果我回答没有,估计你也不信,反正不管有没有,希望你别来找我,一是希望大家都平平安安的,二是找了我,也未必有用。"

至于为什么没人找我打招呼,首先是因为反贪案子少,少到让你没有机会来"招呼"我。这个案子少,是概率和比例上的说法,各地区基层反贪局尽管每年都有数十个案子,但与全国那么多机关单位、事业单位、国有企业的公职人员的总量来比,还是屈指可数的。有时在一定的区域范围内一个行业或者领域可能十几年都没有发生过职务犯罪案子，也是很正常的。其次，"打招呼"也得看从哪里来，到哪里去，为什么来，为什么去。我绝对不否认"打招呼"这种情况确实存在，我听说过，也看到过。但绝不像电视剧里面那么"狗血"，也没有那么触目惊心，能收到成效的往往是在法理情理之中的。

细数我所听说、所看到过的，"打招呼"不外乎以下几种情况。

第一种是单位负责人想替属下争取宽大处理的。他们的理由往往是此人在单位一向表现良好、此次案件系偶发、此人家中有特殊情况等。这些事项几乎都不会涉及犯罪的定性、定罪和重要事实，往往只是一种努力而已，有时也是对上级、对下属或者对犯罪嫌疑人家属的一种"交代"。这种招呼，大部分情况下仅仅作为一种参考，不会影响实际案件的处理，因为案发单位一万份良好表现说明，都不如犯罪嫌疑人本人供认态度良好来得实在，单位把你说得花好稻好，本人在审讯室死扛不认，给我们增添海量的工作，我们还会给他宽大处理，那才是奇怪呢。

第二种是同行业单位来打听风声的。一个城市里，三百六十行，隔行如隔山，但是同一个行当里发生点什么事情，却可能产生蝴蝶效应，传到每个有心人的耳朵里。曾经在其他区查办了环卫局的案件后，就有我们区环卫局的纪检干部来打听我区是否有案件牵连其中。这种情况在同行业受贿案件中比较常见。同一个供应商可能会同时兼顾各个区的业务，如果作为行贿人被立案了，和他有交往的各个区的相关人员估计都会寝食不安，而该区的相关领导和纪检干部，也会有所顾虑，替下属担心，都在情理之中。可惜对于这类"打招呼"，我们只能"无可奉告"，不仅因为保密规定等要求，而是如果本区确有涉案被泄露了，那就是徇私枉法，属于渎职犯罪，一旦被发现，不仅是饭碗砸掉，还得吃牢饭。一脚天，一脚地，可不敢走错。如果本区暂时没有涉案，也不代表以后随着案情进一步深入，我们区就不会牵涉其中，你现在给别人打的包票，以后说不定还得来个反转，反而结了仇，与其这样，还不如啥都不说，打打太极拳。

第三种就是有人想打听一些已立案案件的具体案情。这些人有的是同行业的好奇心,也有可能是在打小算盘。但无论这些人的用意如何,我们很清楚,案件外露的内容多了可能会造成很多负面后果,对于案件或者侦查员自己基本上都是"灭顶之灾"。泄露案情后,可能会引发犯罪嫌疑人或者潜在对象潜逃、犯罪嫌疑人之间串供、证人被威胁或者被引导改变证言等,这些都可能使案件陷入僵局甚至无法定罪量刑,而泄露案情的侦查员也可能会被定为渎职犯罪。所以遇到打听案情这种事,如何回应的确是很难把握分寸的一件事情。侦查员往往只会说一些最保守、最公文的官方说辞,乍一听好像是说了些事情,其实细细琢磨,也并没有比该案律师从我们这里了解到的情况多什么。也有一些侦查员索性明哲保身,直接回答不知道。可能有人会说,也就是打听打听,我帮你保密就是了,摆什么架子?呵呵,我们天天和那么多"出卖"朋友、"出卖"家人、"出卖"领导的对象打交道,谁不知道,只有不把秘密分享才是最有效的一种保密。

在我看来,"打招呼"这事更多是一种心理安慰,实际的用处不大。一个案件从线索到成案,一路走来经过太多的流程,从举报中心收件、拆件、分类、上交分管检察长(往往兼任反贪局局长),下达给分管办案的副局长,再分发到科长、组长、侦查员,这些人都对案件的基本情况有一定的了解。如果要徇私枉法,需要打通的关系也太多了,不符实际。但如果当事人态度好一些、礼貌一些、客气一些,说不定反而会得到办案人员的人性化照顾,一些叫嚣着"我上面有人""你们给我小心点"的人,事实证明往往都是绣花枕头,而且在眼前就会吃点哑巴亏,得不偿失。

有人可能说,你就是个小差役,自然看不到更高的黑暗。太高层面的,我的确看不到,也不敢妄加揣测。但这几年来,反腐倡廉的力度越来越大,作为基层办案人员的我,也能感受到反贪局的身板越发硬朗,办案过程中曾经出现过的各类"阻力"明显变少,办案效率提升不少。我们所接触的很多案发单位的领导干部也变得更加明哲保身,以前曾经出现过的替下属狡辩,甚至隐匿罪行的情况几乎绝迹,很多领导干部也不再随便替人出头。

　　法制环境的优化是缓慢的,是潜移默化的,或许不能瞬间发挥成效,很多弊端的祛除也不能一蹴而就,但是只要我们在往前走,一代一代人共同付出努力,一步一个脚印,总能走向目标,最终受益的终究是整个社会,然后再辐射到每一个公民身上。

疾恶如仇

> 善恶之殊，如火与水不能相容
> ——《欧阳修全集·祭丁学士文》

疾恶如仇，出自清梁绍壬《两般秋雨庵随笔·蔡木龛》："疾恶如仇，有所白眼者，出一语必刺入骨。"指对坏人坏事如同对仇敌一样憎恨。

很多人认为，疾恶如仇是每一个公安民警、反贪干警都应该具备的一种品质，很多媒体也常常用这个词语来形容那些公安、反贪一线的先进模范，强调他们面对形形色色的犯罪分子，能够挺身而出，执法为公，惩治犯罪。但是，对于那些有志于从事反贪事业的人，我很想从自己的角度就"疾恶如仇"谈几点感受：

疾恶≠如仇

这个世界上并不是所有人都是恶人，也不是所有人都是善人。善与恶未必有绝对的界限，只是角度不同。身在检察院，多多少少也会听到一些故意杀人、故意伤害、抢劫、强奸等暴力刑事犯罪的案例，其中的一些犯罪嫌疑人用"罪无可赦""死不足惜"来形容也不为过，一些贩卖毒品、盗窃、诈骗的犯罪嫌疑人，也的确是社会的毒瘤，罪大恶极。而反贪一线查办的贪污、受贿犯罪嫌疑人，平时基本上都有光鲜、体面的身份，这些人，可能贪得无厌，可能滥用职权，但未必是穷凶极恶之人。办案这些年来，很少有让我恨得牙咬的恶人，更多的反而是怒其不争的人。

有一次，我们查办了一名医院科室主任，是一个单亲妈妈。她先后收受了三个医药代表的贿赂款,每次两至三千元不等,由于持续时间久,累计达到三十余万元。我们审讯她的时候,她非常非常地后悔,自己本来似锦的前途断送了不说,她之所以受贿,目的之一是为了给自己年幼的女儿准备民办学校的学费及未来出国的费用。但现在自己身陷囹圄,不仅钱没了,连人都不能陪在女儿身边。看着泪如雨下的犯罪嫌疑人,在场的人多少有点心软。在询问其他相关人员的时候,她的同事和带教学生也提到她平时待人亲和、授课认真,还经常请学生吃饭。这个女主任是触犯法律的犯罪嫌疑人,但这并不影响她同时是一个好母亲、好医生、好老师。

我们是执法者,要惩恶扬善,但对于有些恶却难以"如仇",这并不鲜见,也未必是错误,这只是正常人的价值观和法律的价值观之间的一种碰撞,是感性和理性之间的冲突,我觉得很正常。我坚持的一个原则是:身为执法者,我们先得是一个正常的人,对于恶的性质,应该有自己理解和判断,是"十恶不赦",还是"情有可原",应该在服从法律的同时,拥有自己的观点。

疾恶应有法

古话有云:"善有善报,恶有恶报。"即便是再值得同情的犯罪嫌疑人,一旦为恶,就应有恶报,除了"天"来报,就是我们所代表的"法"来报。所谓"十恶不赦"和"情有可原"之间的判断,其实是偏感性的。在办案过程中,反贪干警更需要理性的思考和分析。以事实为依据,法律为准绳,并不仅仅是一句口号。反贪办案所做的每一件事,收集的每一份证据,所做的每一个笔录,其最根本的目的就是找出存在的职务犯罪,并找到强有力的证据,最后通过法院判决,认定其是否有罪,如果有罪,就应该接受相应的惩罚。我们不能无中生有,更不能从有变无,这不仅靠制度的制约,还有自我的约束。

有一次,我们在办理一起行受贿案件时,遇到这么一个情况:A企业为了加快审批流程同时获取其他竞争者的核心信息,向某机关窗口接待人员甲前前后后行贿了七万元,这件事情具体是由 A 企业的项目经理乙实际操作的。经审讯,甲和乙已分别承认受贿和行贿的事实,但乙在供述中提到,他的行贿行为是A企业负责人丙指使的,这种情况在企业行贿案件中比较常见。

这里有必要简单介绍一下单位行贿罪和行贿罪之间的主要区别,虽然两者都是刑法中单独的罪名,但在一些情况下容易混淆。其一,行贿罪的犯罪主体是自然人,且需要具有两个核心要件:(1)所谋取的违法所得或不正当利益,必须是直接归属于自然人;(2)用于行贿的财物,原则上也应当是属于自然人所有并归其支配。而单位行贿罪的犯罪主体必须是单位,同理,所谋取的不正当利益和用于行贿的财物应当都属于企业。其二,两者起刑点不同,追究单位行贿罪的行贿数额相对较高。其三,处罚对象不同,单位行贿罪是双罚制,处罚的是单位(大多是罚金)和直接责任人员;行贿罪处罚的则只是行贿者自身。实务中,对于单位行贿罪中的直接责任人判处的刑罚往往较轻,常有律师以构成单位行贿罪而不是行贿罪为辩护理由来试图减轻犯罪嫌疑人的刑事责任甚至逃脱刑事追究。同时,刑法还规定了一种例外,就是为进行违法犯罪活动而设立公司实施犯罪的,不以单位犯罪论处。

上述案件可能有两种情况:其一,丙承认自己指使项目经理乙行贿,非法利益归属于企业,那么很可能会被判处单位行贿罪,丙有可能也要受到处罚,乙的处罚可能会比行贿罪略轻。其二,丙不承认指使行为,这样就要根据各类证据进行综合考虑,但乙被判处行贿罪的可能性比较大。

当我们向A企业负责人丙取证时,丙不仅态度恶劣,以各种理由拒绝提供我们要求的相关证据,还矢口否认乙的供述,表示乙行贿所使用的钱款都是其个人财物,同公司无关。

对于丙这种明显做贼心虚加上过河拆桥的做法,我们心中多少有些不甘。根据我们的办案经验,此案由丙指使的可能性非常大,但即便我们持搜查令到A企业进行调查也没有找到有助于查清这节事实的证据。以事实为依据,法律为准绳,我们只有基于多方收集的客观证据,结合法律规定,对乙以行贿罪移送审查起诉。

对于执法者,最基本的要求就是遵守法律、尊敬法律、遵照法律。尽管每一个反贪干警在办案过程中都可能遇到利用法律漏洞或者证据瑕疵逃避法律处罚的人,但这些都不应该影响我们对法律的信心和对自己使命的忠诚。

疾恶也有情

有一次,我们抓了一个涉嫌挪用公款、受贿的国企财务。认罪后,他在审讯室里向我们求情,希望能够晚一个月再把他关起来。他解释道,自己的女儿本月就要高考,一家老小都在家陪着,要是他突然不见了,担心会影响女儿发挥。遇到这种特殊情况,我们其实也很难处理,如果不想答应,直接拒绝便是了,但我们多少有点不忍心。科里商议之后,决定向局里汇报。这件事后来得以依法办理,从情处理,即对此人依法进行立案,同时让其单位领导作为担保人对他采取取保候审。

不巧的是,随着案件的进一步侦查,案情逐渐复杂,涉案金额也逐级增加,而且个别犯罪嫌疑人仍在逃,为避免犯罪嫌疑人串供或者发生其他意外情况,局里面决定改变其强制措施,进行刑事拘留。考虑到他家里的特殊情况,我们特意选择其女儿不在家的时间段上门带人,同时和案发单位商量好,专门派领导上门慰问,告诉小姑娘说爸爸出差去了。

这个孩子后来的成绩我们没有特别留意,和案发单位领导一起做的这件小事也并不是纯粹为了办案顺利或者是获得什么尊重,只是出于自己的良心和力所能及的一份人性。在我们眼里,犯罪嫌疑人既是办案业绩表上的一个数字,是各类形形色色证据堆砌的一个案件的一部分,但同样也是一个人,是可能犯了错、犯了罪的一个人。我们尽管站在法律高地和道德高点在查办案件、惩治犯罪,但并不能因此就把自己当成神,也不能把犯罪嫌疑人就当作魔鬼。在办案的过程中,我一直都提醒自己:要把对方当成是凡人,更要把自己当成是凡人。

吃着"皇粮"的我们都在干啥

> 学而不思则罔,思而不学则殆。
>
> ——孔子《论语·为政》

常常有人在新闻媒体、各类论坛和评论区里质疑或者批评一些国家机关工作人员虚吃"皇粮",不干实事,一杯茶、一张报就混过一天的日子。诚然,各类机关里肯定存在这样的人,既有体制原因,也有历史原因,暂时无法避免,但是,大部分的国家公务员还是在本职工作上辛勤付出的,如果因为少数人而否定多数人,是显失公平的。

在这里,我就说道说道反贪侦查员的主业——"办案",是个什么样的流程。普通的基层反贪部门查办案件的常规工作流程主要包括以下几个阶段:

一、线索阶段

主要是对包括控告申诉部门(含检察院举报中心)、上级检察机关、区纪委等兄弟单位流转而来的线索及本部门自行侦查发现或接受的控告、举报、自首等线索进行登记、分析、分类、管理等工作。并根据对线索的评估,决定是否初查:对于适合立即开展初查的,可经相关流程,开始初查工作;对于暂时没有初查意义,但有待查意义的,可申请缓查;对于不属于职务犯罪的刑事犯罪线索,退回其来源或流转给公安等其他有关部门;对于明显无初查意义的线索(如虚构事实、重复举报、明显诽谤等),可直接回复举报人并作归档处理。

二、初查阶段

主要是围绕线索开展外围侦查。大部分初查最基本的要求就是应当秘密进行，在收集到一定证据之前，通常不直接接触被查对象，有时还包括被查人所在单位的领导、同事等。主要原因有两方面：其一是案件原因，如果在案件初期贸然惊动被查对象，容易打草惊蛇，对方可能脱逃、隐匿，并可能导致串供、销毁、隐匿证据、转移财产等各种妨碍侦查的后果。其二是社会原因，因为并不是每一个线索都是真实的或者确实是指向职务犯罪的，也并不是每一次初查的结果都是对被查对象立案，如果贸然大张旗鼓地开展初查，闹得沸沸扬扬，被查对象、单位领导、亲朋好友都知晓此事，而最后查明被查对象并未触犯刑法，虎头蛇尾，导致社会影响极差，不仅影响了被查对象的名声，更会损害检察机关的严肃形象。但也并不是所有的案子都需要完全秘密进行。具体如下：

一种是因为案件需要，完全秘密进行将达不到初查效果的。如贪污、挪用公款等类型的案件，在初查阶段，就很有可能需要相关单位的账本、进出流水单、各类票据凭证等，没有相关单位的配合是无法获取的。可能有些人受国内外电视剧的影响，认为可以找"内应"来配合，将相关材料"偷"出原单位来开展调查。我不得不解释，这是偏离办案实际的。且不说反贪局是不可能有那么多"内应"埋伏在各个机关和国企之中，这样获取的证据本身也存在程序上的瑕疵，很有可能在之后的调查、审查、审理案件过程中，被认定是非法证据而加以排除。所以我们唯一可以做到的就是，对相关单位的领导和机要人员进行保密再教育，通过正规途径获取相关证据材料进行初查的同时，要求他们严格保密而已。而他们的泄密行为，如果导致后果严重的，刑法上也有窝藏、包庇罪等进行惩戒。

另一种是对线索进行公开或半公开初查，有时是一种策略，有时是公开调查与秘密调查相结合的方式，从而达到查清事实真相的目的。比如当一个行业或一个企业内已经有多名人员因涉嫌职务犯罪被立案侦查,所有相关人员往往都已有所警觉,此时侦查人员对于新的线索再秘密进行调查,反而是掩耳盗铃,还不如开诚布公,采取一些敲山震虎、声东击西、隔山打牛的策略,震慑、迷惑或麻痹犯罪分子,往往能提高办案效率,提升举报人信心,从而取得更有价值的线索和证据材料等。

根据初查结果,依照具体情况分别处理:认为被查对象有犯罪事实需要追究刑事责任的,提请检察长或检察委员会批准立案侦查;有限时间内(一般初查为期两个月)不能完成初查,可提请延长初查期限;认为没有犯罪事实或者具有其他法定条件,可提请局领导决定不予立案,并将初查结果归档。

三、侦查阶段

在对犯罪嫌疑人决定立案后,即应开展侦查工作。此时,可以进行初查阶段不便进行的"正面交锋",可以采取初查阶段不能进行的"对案件对象采取强制措施(主要包括拘传、刑事拘留、监视居住、取保候审及之后的提请批准逮捕)",以及"查封、扣押、冻结犯罪嫌疑人的财产"等。

如果案情复杂,侦查时间不够,根据情况,可以先后向上一级检察院、省级检察院提请延长侦查期限。

而当一个案件已经达到事实清楚,证据确实、充分,那么侦查人员就该制作侦查终结报告了。这是一份完全对内的文书,除了检察院内部相关工作人员,其他人是无法接触的,里面不仅包括之后可能会出现在起诉书(庭审当日起对外公开)上的内容,也有一些未经查证、可能存在的犯罪事实,以及办案过程中办案人员之间的分歧和最终意见的形成过程等,这些内容可谓是侦查人员的"心路历程",不足为外人道也。

案件侦查终结后也可能有极少数需要撤销的案件,这种情况操作流程非常复杂,更主要的是侦查部门的一种自纠,是对于之前立案决定的一种"纠正"流程。事实上,这更是侦查失败的象征,是每一个侦查员都不希望发生的情形。

四、补侦阶段

补侦,即补充侦查,是案件经提请起诉后,由负责审查起诉的公诉部门退回补充侦查的情况,往往会随卷附上公诉部门提出的补充侦查提纲、收集证据的清单和补充侦查的理由说明,一个案件最多可以两次补侦,每次最长一个月。

五、侦后工作

对提起公诉和进入审判程序的案件,侦查人员有可能还需要跟进和配合,甚至需要作为侦查人员出庭做证。最后,法院判决后,侦查部门还需要专人负责收集相关法律文书,做好备案归档工作。

这些工作随着不断出现的新线索周而复始,每一个侦查员、每一个侦查组、每一个侦查科、每一个反贪局都围绕着线索和案件不停地运作着。而在整个国家反腐体系中,我们只是一枚枚小小的螺丝钉或者小组件,少了几个人,应该无伤大雅,但正是千千万万个螺丝钉和小组件共同组成庞大的国家机器,维护着全国群众的生活远离腐败分子的影响,不被潜规则、不公平、贪污和受贿所困扰。说句夸张的话,有了我们,大家未必能够明显感到幸福,但如果失去我们,那样的社会必然是丑陋不堪、令人作呕的。

不抓人的时候,反贪局都在干什么

才以用而日生,思以引而不竭。

——王夫之《周易外传·震》

如果把反贪局的案件比作一个奶油蛋糕,线索就是最底下的蛋糕胚子,是底座和基础,乍一眼看不到,但如果没有胚子做底,蛋糕就会塌下去;而办案的过程就是加奶油,将奶油包裹在胚子外面,用一种更"美味"也更"美丽"的方式将胚子变成一个真正奶油蛋糕。一只好吃的奶油蛋糕,最重要的就是奶油和胚子,但上面也往往需要一些其他的点缀,丰富一下色彩和形状,起到锦上添花之效。我们在办案之余,的确也有不少"点缀"的活儿。

一、开会

早开会,晚开会,天天开会会连会。政府机关会多,是实际情况。有传达上级精神的会,有业务学习的会,有民主测评的会,有座谈交流的会,有案例汇报的会,还有布置工作的会,等等,各种开会是我们办案之外的主要工作之一。尽管2012年中央下达了整顿工作作风、整顿会风会纪的要求,要少开会、开短会,要整治"文山会海",从而提高工作效率。这一点广大基层干警是非常赞同的,这几年会议也的确变少了一些,但一些必须要开的会,还是逃不过。党中央领导有指示了,我们要开会传达;法律出现修改了,我们要开会学习;有人要晋级晋职了,我们要开会投票;晋级晋职之后,还有廉政诫勉会;中秋节,我们有外地干警座谈会;五四节,有青年干警座谈会;三八节,有女检察官座谈会;八一节,有军转干部座谈会……机关文化决定了开会是必要的,只要能把一些不必要的会减少一些,必要会议的时间和内容精简一些,就已经谢天谢地了。

其实会议的意义,应该在于上传下达,将上级的部署和意图下达到下级的操作层面以保证有效执行,将下级的想法和意见上传到上级以便决策层适当调整改进工作方针。开会其实就是为了提高效率、保证效果,但现实中有些会已经变了味。传达会里充斥着千篇一律的讲话,下面的人早就听倦了、厌了。交流会中,无论基层的意见私底下多么集中,到会上愿意讲出来的人也没有几个,即便是讲出来了,领导能够真正改进的也没有多少,民说民话,官说官话,各说各话,各怀心思。这样的会开了也是白开,还浪费了侦查员办案的时间,有时还逼着侦查员逃会、漏会,或者是在会后加班加点以保证在办案期限内完成工作。

二、培训

这几年的培训比以前少了很多,特别是那种以培训之名,外出进行半学半游的"培训"已经基本销声匿迹。现在的培训主要还是以业务培训和学习为主。一种是一些同反贪工作或者检察工作有关的法律法规的制定、修改或者是"两高"新司法解释出台,我们都会集体进行培训学习,这对于业务人员而言,还是很有收获的。还有一种就是常规的岗位培训,基本上一年一次,为期三到五天,有脱产,也有非脱产的;其间邀请一些高校学者、办案能手讲政策精神、典型案例、办案经验之类的,内容各有侧重,也各有喜好;老师的水平也有高有低,有空谈架构的,也有真枪实干的。但说句心里话,无论这些课听起来多么慷慨激昂,事后回想起来,总也记不住什么干货。机关内各类培训大概都是如此吧,训一训总比不训好,说不定就有用了呢!

三、写材料

一支笔、一杯茶、一张报,是很多人对机关的印象。干得好不如说得好,说得好不如写得好,这句话确有几分道理。机关里面,各类材料永远是少不了的：个人要写各种个人总结；科室要写月度、季度、年度的各种报告、总结、计划；院级要写报道同级政府、同级人大、上级检察院等的各类材料、简报、分析。千军万马过独木桥，考入机关大院的荟萃群英中总有几个材料能手，讲得好听的叫"笔杆子"，讲得难听点就是"材料汪"。这些"材料汪"经常跟在领导身边，为其出谋划策，为他们平淡无奇或者略有新意的想法构思出一个目标、两个口号、三个板块、四个方面、五个角度、六个重点，最后捧出一篇洋洋洒洒的万字文。实在是青丝熬成白发，直腰坐成驼背，帅哥长出拉渣胡，美女养出斗鸡眼。这可不是我恶意诋毁"材料汪"，在下不才，也算是科里的一只"汪"，每逢月头月末、季头季末、年头年末，都是我"大展拳脚"之时。材料工作永无止境，经常是"一波还未平息，另一波又来侵袭"。平时的工作如丝竹之乱耳，让人很难静下心来，要写一篇好材料，常常要在夜深人静之时加班加点。身边也有人鼓励我："多写材料，多露脸，遇到伯乐，你就发了！"但世间的确是千里马常有，伯乐难得，至少我为科室写了好几年的各类材料，也没见火箭升迁，反而有小人会在背后指指点点："瞧那个马屁精，又在为领导写材料了！"此中酸甜苦辣，唯有自己知道。

四、搞活动

这几年，随着案件数量的增加和司法改革的推进，公安、法院、检察院的编制数量都在不断增加。其中，检察院每年都通过公务员考试注入大量新鲜血液，年轻干警比例也相应提高了不少。年轻人一多，整个机关就变得更加有活力，党委、团委组织也就会热衷于开展活动。如果有个舍得花钱的领导，年轻干警的各类活动还是比较丰富的。但是，在检察院的各种活动中，反贪局干警的身影往往都是高冷的。而且，检察院整体而言有些阴盛阳衰，活动又常常以瑜伽、DIY 之类居多，真的是让反贪硬汉们情何以堪？

五、等下班

这句话尽管有懈怠之嫌，但的确就是我们工作中的真实写照之一。案子不是天天都有,也不用时时都紧绷一根弦,每个人都需要放松和休息,特别是对下班的期待,简直就是我一整天工作的动力之一。身在反贪局,会看到很多社会的阴暗面,而且不仅是看到,我们有时还要利用、使用这些阴暗面去突破案件,透过人性的弱点和丑恶去打击犯罪,这是必要的办案技巧。在这个过程中,难免会给自己带来一些负面的情绪,这就需要正确地看待和有效地排解。下班后打打球、游游泳、烧烧菜、遛遛娃,培养一些健康的兴趣爱好,就是其中的一个好途径。

言归正传,在我看来,好厨子的重点,是烧得一手好菜,而不是萝卜雕的好;好军人的评定标准,是有杀敌的真本领,而不是军姿站的棒。口才好的公诉人,可能会在法庭上辩言滔滔、力挽狂澜,但口才再好的反贪人,也不可能仅靠慷慨激昂去说服犯罪嫌疑人认罪服法。每个岗位,都应该有自己的本职,更要有自己的看家本领,实践出真知的,还是要"干"出来。所以,这些锦上添花的事情自然是很好,但最基本的仍是办案和审讯,是千万不能落下的。

怎么写一篇廉政宣讲稿

> 以铜为镜,可以正衣冠;以古为镜,可以知兴替;以人为镜,可以明得失。
>
> ——《新唐书·列传第二十二魏徵》

听取廉政课,是所有国家机关、国有企业干部都避不过的一件事。频率低的两三年一次,频率高的每半年甚至每季、每月就得听一次。这些课的讲台上有高校的学者谈古论今,分析反腐败的新精神,也有纪委、反贪局的领导,讲解办案中的警示案件,核心意旨无非是警钟长鸣,提醒国家公职人员们,远离职务犯罪。身为"材料汪",我也常常执笔或者配合为各级领导外出讲课准备廉政宣传稿,略有心得。

一篇能够"提神醒脑不助眠"的廉政宣讲稿,一般由四个部分组成:夸一夸,吓一吓,骂一骂,最后抚一抚。

夸一夸。夸谁?为什么要夸?夸什么?肯定不是夸下面这些听众,因为他们都是"被"组织来的,你再夸他们,他们也不会领情。他们的眼睛都盯着手机,心里都想着快点结束,最担心的恐怕是手机电量够不够,你想让他们提起精神,只有靠后面几招。所以,要夸的是组织单位和单位领导。为什么呢?我们为什么被请来?因为组织单位重视反腐倡廉工作,所以才把我们请来讲课,于公于私,单位领导的出发点总是好的,不捧捧场,也不符合做人做事最基本的道理。夸组织单位和领导什么呢?自然是夸他们注重廉政宣教,而且只能夸以前和当下,绝不能夸以后。以后的事谁都说不准,上一周讲课的单位,这周就被抓了人的事情,也不是没有发生过。贪污受贿犯罪都是既往的事,没有被发现不代表就没有发生,今天我们是上面的讲课者,下面是听课者，谁也不能保证下面哪个人以后就会变成我们对面的审讯对象。饭可以吃饱，话不能说满，夸夸单位，点到即止。

吓一吓。有些人讲课喜欢一上来就讲大道理，讲党中央的反腐精神要旨和一些国家级、省部级领导的典型案例情况，而且一讲就是一小时。这些道理自然是对的，可这些文件精神和典型案例大多已经被新闻媒体、单位领导重复过很多回了，大讲这些传统说教式的"一二三四"，下面很容易听得昏昏欲睡。特别是那些"大老虎"的案例分析，大多是讲课人根据公开新闻媒体报道整理和再加工，下面的听课者很少不知道的，说得通俗点，都是"炒冷饭"，让人打不起精神再听一遍。我喜欢讲一些我们自己或兄弟院查办的案例，虽然都是处级及以下的小干部，金额也未必惊天动地，但容易"以小见大"，让人产生共鸣。比如，一些案件里犯罪嫌疑人被控制后想自杀的，我们就聊聊他为什么想自杀；有些人之前是一直是死扛的，后来为什么就服软了；第一次受贿时是怎么思想斗争的，是怎么害怕，之后又是怎么不再害怕的；有些人喜欢把那些奇葩的案子(视频被广泛传播的12秒雷政富、上亿的处级干部马超群等)挂在嘴边，这的确能够挑起听课者的哄笑，但这不是我的风格，也不擅长。我喜欢让听课者有代入感，仿佛这些事就是发生在自己身边，甚至把这个主角换成自己，说不定会出一身冷汗。因为贪污受贿入狱的大部分也都是普通人，并不都是贪财好色无度之徒，也不全是权大覆天之人。用几十万罪犯中那寥寥无几者来教育大部分人，是媒体夺人眼球之举，未必能让普通国家工作人员产生共鸣，引以为戒。用身边事教育身边人，才最能深入灵魂，揪住人性弱点的"七寸"。

骂一骂。骂的是犯罪者，听的是听课者。惩恶扬善的前提是明善辨恶，何为善，各有定论，何为恶，自有法论。身为执法者，不用多谈道德层面的东西，就是直接为听课者指出不可触碰的法律底线在哪里，达到哪些金额或者情节，就是犯罪，归我们管，低一点的是违纪，归纪委管。我们不是保姆，不可能天天关心照顾听课者，只是让听课者清楚法律的界限在哪里。我们是"阎罗"，不达标准，我们不管，构罪够刑,我们就出手无情了。我们要骂醒那些还抱有侥幸心理的人。廉政讲课里面都喜欢提一句"莫伸手,伸手必被捉",但懂行的人都知道,伸手伸得少,伸手伸得巧,是不容易被捉的。你拿了销售商一两千元的购物卡,我们是不会来捉的,这点连"出场费"都不够。你偷偷摸摸漏了点风声给了投标方,帮助他中标了,天知地知,我们也不会第一时间发现和追查。所以,其实伸手未必就"被捉",真正危险的不是伸手的"行为",而是伸手的"心态"。在被治安拘留的嫖客中,很少有第一次嫖娼就被捉的,大部分嫖客都是熟客,去嫖娼早就熟门熟路了。为什么他们成了熟客才会被捉?这个可能是因为公安干警捉得不勤快,最主要的还是因为他们去嫖了第一次没被捉,就会去第二次、第三次,次数多了,终究会有一天被捉到的。有没有人呼吁过"莫去嫖,嫖娼必被捉"的?实际上,受贿和嫖娼是有类似之处的:第一次受贿就被捉的也很少。第一次受贿三百,发现没人管,第二次受贿三千,同样没人捉,接下来胆子就大了,就是三万、三十万了。大部分的贪污受贿都不是一蹴而就的,是量变逐步积累引发质变的,其中的催化剂之一就是侥幸心理。我们不能把所有的听课者都当成潜在的犯罪分子,这样太"负能量"了,但我们可以通过"骂"那些职务犯罪的罪犯,骂他们的贪婪,骂他们的不应该,骂他们的不值得,骂他们的太可惜,来"敲山震虎""指桑骂槐",让潜在者悬崖勒马,收手自保。

抚一抚。美国总统罗斯福"手持大棒口如蜜,走遍天涯不着急"。我们讲课的时候,也不能光骂不捧,也得"打一巴掌,给个甜枣"。一个人因为恐惧害怕而不为恶和自己想通了而不为恶,是有本质区别的。之前是把下面的听课者当成贪婪的种子,训骂犯罪的危害,现在则要把他们当成是天真的圣贤,通过盘盘圣贤的大道理和打打老百姓的小算盘,来说服听课人。其实,很多人都把贪污受贿当成工资外的额外收入,拿一笔赚一笔,就像中奖的收入,都是意外之喜,但一旦事发,这些奖金的"赌本"最起码是一生耕耘的事业,严重的还有牢狱之灾,一旦把这笔账算开了,很多人应该就不会再去触碰了。就像这几年风口浪尖的涉及P2P金融产品的非法集资案件,成千上万名投资者的数百亿资金打了水漂,血本无归。回到起初,在他们将积攒半生的那些积蓄拿出来的时候,只是被那些所谓年化20%、30%的收益所吸引,但投资者贪图的是高额的回报,非法集资者看中的却是投资者的本金。同一件事,从不同角度来看待便有不同的态度和结果。检察院作为执法者,在整个职务犯罪过程中已经处于最后的查处阶段,我们能够纵观当事人一路走来的心路历程和"伸手"过程,也看多了这些人的"下场"。而当事人如能在有想法或者是刚有行为的前期,听听终结者从全局视角所看到的景象,内心的触动无疑是很大的。

这么一合计,一篇两到三小时的讲课稿就基本形成了,其中还要添加一些精彩的案例来充实、丰富生动的语言来串联,这就要八仙过海各显神通了。

要我来比喻,办案惩处是西医,治的是"已病";廉政宣讲是中医,善于治"未病"。两种医法各有各的千秋,各有各的疗效。治"已病"者,刮骨疗毒,大动干戈,但是能看到病苛,对症下药;治"未病"者,表面未必见效,但可能默默地已将表象之下那千疮百孔治愈了。两者之间孰优孰劣,自有公论。

反贪局的头最在乎什么

上下同欲者胜。

——《孙子·谋政》

检察长、分管反贪局的副检察长、局长、副局长们如同统帅三军的元帅和将领,带着我们这些小兵们南征北战,四处办案。那他们到底最在乎什么呢?

考核

不少人可能很诧异,为什么反贪局还有考核?我只能这样解释,只要有人的地方,就有江湖,有江湖的地方,就有高下。考核就像人生中的各种考试一样,是一把尺,评定工作的得失;是一道榜,标榜着先进和能人;是一根鞭,鞭策缓行者前进。高考把学生分成三六九等,大学也有985、211、普通之分。检察系统的考核则把各个反贪局分成优秀、合格等各种等第。至于反贪的考核侧重哪些方面和内容,各地虽有不同,但考核项目中肯定存在的且最实在的必然是查办的案件数和人数。

和公安的业绩相比,反贪的业绩实际上缺乏量化的条件。一个地区公安机关工作是否到位,在现实中的体现应该是实际发案率的下降。理论上,如果公安机关抓住的犯罪分子越多,社会上的犯罪分子就越少,敢于触犯刑法的人也会变少,相应的社会环境必然有所净化。然而,反贪局无论抓走多少国家工作人员,老百姓都无法短时期内察觉社会上的明显变化。

任何刑事大要案都是各位公安局长不希望发生的,但职务犯罪的大要案可能反而是各位反贪局长所乐见的。一个国企老总的落马,十之八九会连带一串下属;一个部门负责人的受贿,他手下的得力干将大多也无法"独善"其身。正是基于这样的规律,"拔出萝卜带出泥"成为反贪案件的常态之一。

由于系统内部考核制度的保障,移送线索的情况时有发生。比如,城西区电力公司受贿了,行贿人很可能也向城东区电力公司的人员行贿。这样的线索,大部分反贪局都是乐于共享的(检察系统内部的考核制度中往往也会保障),所以,尽管有考核,但是各不同辖区的反贪局,往往既是对手,也是战友。

就现行的考核制度而言,主要还是同全检察院、全局、主要领导的业绩、荣誉挂钩,从基层干警的角度而言,所受到的直接影响较少。一套优秀的考核制度,应该有两个特点。

一方面,应该能充分将法律职能、上级机关的发展思路、主管领导的意见、组织部门的管理意见、横向部门的评价和职工群众的诉求相结合,同时兼顾自上而下的精神和自下而上的呼声。在这一点上,现行的考核制度过度重视法律制度和上位者的意图,与基层实情及反贪干警的真实感受都有所脱节,很容易形成上有政策、下有对策,一定程度上违背了加强反腐力度的初衷。例如,绩效考核只与总立案数(或者立案人数)挂钩,对于案值没有具体要求,可能会导致一些检察院专抓"小苍蝇",从而造成每年案件数很多,但实际办案效果不佳,个别地区形成"苍蝇绝迹""老虎横行"的景象;而如果只考核立案数(或者立案人数),对于最终被裁定或判决为撤案、不起诉、无罪的案件没有相关的减分制度,可能会导致一些检察院顾头不顾尾,只管抓,随意放,反而严重毁损检察机关的严肃性,起到反效果。

另一方面,科学的考核制度应当与激励紧密相连。首先,现在反贪部门的考核还是有较重的行政化,考核评价与激励脱钩,评归评,奖归奖,用归用,对干部的激励、升迁偏离了办案实绩,个别优秀的侦查人员被长期搁置在办案一线,而一些行政方面有特长的干部却升迁顺利,逐渐形成了不办案的指挥办案的格局,这对于实际办案很可能产生消极影响。其次,现在的考核制度中,过于强调集体荣誉,对于个体利益不太重视。纵观身边的反贪局,一旦上任新的年轻领导,这个地区的办案成绩往往会有突飞猛进之势,人治色彩浓重。而且,由于传统的机关文化作祟,获得表扬的总是特定的个别同志,荣誉高度集中,其他干警很容易产生"既然他们是先进,就该他们做,我就可以不用尽力"的逆反心理。最后,考核的物质奖励有所欠缺。由于多方面因素的影响,反贪局年度考核最终可能影响的等次奖金,往往是以季度奖、年终奖的形式下发,和平常的工资收入不直接挂钩,个别干警就可能会产生"偷懒一年,不影响基本收入,仅仅就减少几千元的额外收入"的想法,这种思想对全局干警的办案热情和士气都会产生负面的影响。

保密

保密工作是各位领导老生常谈,一直提醒侦查员时刻要紧绷的一根弦。保密工作持续反贪办案的整个过程,甚至在办案结束之后还需要继续。

首先,为线索尤其是举报人保密。现在实名举报的线索逐渐增多,一些线索内容如果被曝光,知情人很容易就顺藤摸瓜找到举报人。因此,出于保护举报人人身安全的考虑,保护举报人、保护线索是侦查员的基本素养。

其次,侦查保密,包括初查及立案后的侦查情况。侦查阶段是查办职务犯罪的关键阶段,是侦查人员与犯罪分子斗智斗勇、争分夺秒的阶段,同时也是涉及人员最多、涉密范围最广的阶段。一些案发单位的领导、负责人或者是心虚有鬼的人,一有风吹草动就会不择手段,利用各种关系,千方百计地打探案情,希望知晓是否有自己单位的线索在反贪局手里,或者是打听相关案件的调查进度等。在反贪工作中,这种消息的透漏是绝不允许的。稍有不慎,就有可能导致犯罪嫌疑人藏匿、串供、隐藏或毁灭关键证据等情况,给侦查工作带来无法估量的损失,甚至令案件"胎死腹中"。

最后,还要做到对内部人的保密。其中不仅包括反贪局内不同案件的办案人员、检察院其他部门的同事和纪委、公安等有紧密业务合作的同志,还包括家人、朋友、同学等,这些人都有可能"受人之托"来打听案情,这种情况往往比犯罪嫌疑人、证人、律师等更难处理,一不小心,可能连自己都会违法违纪。

安全

反贪办案最重要的是什么?是办案数量,领导级别,涉案金额,还是社会效果?以上答案都不对,最重要的永远是办案安全。

在任何一个办案阶段,案件对象如果因为我们的疏忽发生生病、晕倒或受伤等情况,都会直接挑起局长甚至是检察长的神经紧张,一个安全事故可能毁掉多年的成绩。因此,无论是硬件还是软件,我们都做了万全的预防:办案区都设在底楼,不能有开放式的窗户;办案区的卫生间是开放式的,大门是美国西部牛仔电影里那种酒吧门栏,只有中间一段,而且可以双向开合。案件对象即使如厕,也会有办案人员或者法警陪同,保证其无法进入危险的封闭空间,等等。

每个案件对象,无论是被讯问或者是询问,只要进入办案区,都要经过法警的安检,基本上身上的所有物件都要接受检查并放入储物柜临时保存。如果确定要收监,我们会制作扣押清单,事后统一转交给家属。法警在检查时发现任何药品,都会再三和案件对象确认情况,保证案件对象及时服药。审讯之前,我们也会先问清案件对象的身体状况,以防意外。

审讯期间,每到饭点,我们也会安排案件对象的饮食。但出于安全考虑,不会给案件对象提供盒饭,大多是面包、包子等干粮,配上白开水。基本上,我们也没有遇到过主动申请山珍海味的案件对象,也算是"入乡随俗"吧。而且,这些人大都没什么食欲,静静地啃上一两片面包就是一餐,到我们这儿还能够真正饕餮就食的,极其罕见。

当然,进入我们这里的案件对象,基本都不是穷凶极恶的暴徒。其实,一个人如果真的有心自伤或自残,没有可以绝对预防或避免的方式,但职务犯罪案件的涉案人员,往往不太会对自己太狠。有文化有地位的人,多更加惜命。

反贪局的兵最讨厌什么

> 遇到的困难越多,得到的荣誉也越大。
>
> ——西塞罗

加班!绝对是加班!反贪局的兵们,最讨厌的就是加班,确定一定以及肯定。

曾经有公诉部门的同事问我,为什么你们反贪局加班都选在半夜,而且还总是行踪不定?我想了想,回答道:"不是加班都选在半夜,其实我们可能早上天蒙蒙亮就去行贿人家门口等候,然后多地奔波,收集证据,寻找案件对象,一直到晚上七八点,可能才带着案件对象回到院里,才真正有时间开始审讯办案,一般就是通宵。到第二天早上七点多,你们在食堂看到我们鸡窝般杂乱的发型,厚重的黑眼圈,然后慰问:'你们昨天加班了?'我们苦笑笑,点点头,吃完碗里的面条,又回到审讯室去了。"

其实反贪加班主要分三种,其一是加早班,其二是加晚班,其三是加晚班和早班。

加早班的目的主要是为了有效控制对象,可能是犯罪嫌疑人,也可能是证人。职务犯罪的犯罪嫌疑人大都是国家机关或者国有企业的工作人员,也有以经商为主的行贿者。对于前者,如果将其从工作场所带走,容易在其单位造成不良的影响,如果最终没有成案,当事人回到单位很容易引起不必要的议论,所以,侦查人员往往会选择在其住所楼下或单位门口,在其上班之前或下班之后,将其带到检察机关协助办案。对于后者,这些商人经常狡兔三窟,有多个住所,甚至有多个情人,白天的行程也很难把握,但只要掌握其生活规律,早上直接上门,从其住所将其带走,是最令人满意的结果。也有一种情况,就是事态紧急,需要将正在上班的对象带到检察机关协助办案的。案情简单的,我们往往电话通知此人,并在单位门口附近等候他;如果案情有点复杂,当事人有较大逃避可能性的,我们大多会通知单位纪委,单独将其约到上班地点的某会议室内,然后由侦查人员一路陪同,默默走出单位,上车,前往检察院。

加晚班的目的则基本是审讯需要。根据刑事诉讼法规定,传唤、拘传持续的时间不得超过12小时;案情特别重大、复杂,需要采取拘留、逮捕措施的,传唤、拘传持续的时间不得超过24小时。所以,对于犯罪嫌疑人,我们在决定立案并刑事拘留或者取保候审之前,黄金时间只有24小时,无论犯罪嫌疑人是几点到的检察院,接下来的时间,都是争分夺秒的,通宵夜班就在所难免。

起早贪黑是反贪干警加班的缩影。天蒙蒙亮,我们已经出发;天漆漆黑,我们还没回家。这就是反贪。

所以说,反贪人感到最亏欠的往往都是家庭。很多人觉得公务员都是朝九晚五,尽管收入不高,但是贵在稳定、有规律。而如果你成为反贪局的一分子,尽管大部分工作时间也的确能够稳定有序,但最好还是能有支持、理解你的家人,特别是有一个通情达理、蕙质兰心的贤妻(良夫),这样,你才能放开手脚去展开你的反贪生涯。

首先,反贪办案的案前工作,往往是收集各类信息,包括但不限于银行流水、房产信息、机动车信息、户籍档案、企业账册等。由于各地资料网络化、信息化水平各有不同,很多资料还是需要侦查员"走南闯北"去收集。所以,反贪局每个侦查员都必须会开车,这是共识,不会也立马让你去学。可能上午丁哥带着小潘还在城北郊区查账册,复印到眼冒金花,午饭在某个拉面店将就将就,下午就要赶去城南工商局排队调取工商登记材料,而公务用车每天晚上必须停回单位,这样来来去去,等回到家里,已是华灯初上,热炒都成了凉菜。

其次,当案件查办到一定阶段,很可能需要"上案子",也就是寻找并突破犯罪嫌疑人或证人以寻找职务犯罪的事实,最终实现立案的目的。可能更需要侦查员整宿整宿地加班加点,吃喝拉撒睡都在单位解决,家里照顾老小的担子自然要压在家人肩上。曾经有一次,一位侦查员的老母亲突发疾病,住院动手术,需要观察、陪夜,从住院到出院的五个日夜,正好遇到局里查办一系列的窝串案件,这位侦查员责任心比较重,全身心扑在工作上,只是抽空去看了两眼,都是妻子和护工在照料老母亲。

不过,反贪办案还是具有一定自由度的,因为职务犯罪案件一般不具有急迫性,所以,反贪局内部大部分工作安排都会提前告知,让干警们心里有数,便于安排家庭事务。比如,临近过年的时间段,基本上都是不办新案的,以取证、结案为主,以免大家(同时包括干警和犯罪对象)的新年过不消停,而到了节后,说不定就要加紧办案,准备"开门红"了。因为工作过于繁重而严重影响大家生活质量的情况终究还是个例,但偶尔的日夜颠倒也会令一部分同志的身体适应不了。据我所知,近十年里,全局四十个人的编制里至少有五个人是因为身体原因申请调离反贪岗位甚至离职的,以老同志居多,但也有年轻同志。

对于家庭,反贪干警多少都是有些愧疚的,和大部分公务员相比,反贪工作具有不稳定性和涉密性,不能保证稳定的朝九晚五,家人偶尔也会临时才得到消息,知道反贪干警当晚甚至通宵不能回家。干警们该尽的家庭责任多少也会有点打折,偶尔还会有出差到外地取证或抓捕的任务。但整体而言,反贪工作的危险性不高,家人只要担心干警的正常作息,而不太需要担心他们人身安全。

另外,反贪局的内部氛围往往比较和谐,大家一起加班,一起通宵,同甘共苦,更容易建立"革命友谊"。所以,在案子不那么集中的日子里,大家都很融洽,互相照顾。对内如暖春般温柔,对外如寒冬般冷酷,这也是反贪大家庭的写照。

第四篇
跟小伙伴们讲几句心里话

俗话说得好,隔行如隔山。三百六十行,就隔着三百五十九座山,如果在一个山头,遥望远方就能将其他山头之事如数家珍,那不是天才,就是妄人。可惜世间天才太少,妄人甚多。即使身在行内,也未必能够洞察一切,更多还是管中窥豹、盲人摸象而已,但至少能亲眼见、亲手摸。法律行业广似海,检察事业深如渊。对于身在其他山头或是尚在山门外、正准备入山的小伙伴们,我也想叙些心里话,希望能够展示一些本行内的豹纹、象身。

反贪局的"江湖地位"

> 地位越高,自我评价就越高,自信心多强,能力就有多强。我们总能表现出与环境的和谐平等。
>
> ——赫兹里特

人在江湖飘,哪能不挨刀,要想挨的少,靠山要找好。

如果要谈反贪局的"江湖地位",就要先从反贪局的"带头大哥"检察院说起,如果"大哥"都没混好,那么"小弟"谈何地位?

社会上有句戏语:"大公安,小法院,可有可无检察院。"我对此并不想多加评议,其中不符实情之处肯定是有的,关键是你从哪个角度来看。一方面,同公安局长和法院院长相比,检察长的底气好像确实不足,但审判监督、立案监督、侦查监督都是检察院的职能,也是制约监督司法侦查权、审判权的主要抓手,是公检法"金三角"的核心内容之一。另一方面,无论是区里的领导、各国家机关,还是辖区内大大小小的国有企业,对于检察院,都还是比较给面子的,这靠的就是反贪。刚到检察院的时候,我也有点想不通,但我知道应该不是因为我们院今年审查起诉的诉判不一率下降了一个百分点,或者是批捕率高了两个百分点。后来渐渐地,我就懂了。

话说大前年,我们抓了个受贿的区税务局科长,后来该局蝉联多年的文明单位纪录就被迫告终,税务局的党组书记和局长还被叫到省里诫勉谈话了。去年,我们把辖区里一个国企的部门领导和科员的一半"一锅端"了,听说这个公司这项业务在停业整顿了大半年后,分管这项工作的副总被调到海南任职去了……

所以说,一个反贪局在所在地区的"江湖"地位,往往是靠自己"打拼"出来的。一年到头，一个反贪局如果只办十来个案子，涉案的还都是那些边边角角小国企的业务员，这样的反贪局徒有职能和队伍，却明显没有战斗力，也不会多么受人待见。如果一个反贪局敢啃硬骨头，对于其他政府机关、大型国企的案子铁手一抓，抓出血来，疼到肉里，自然会在本地区打出品牌，打出声势，同时也会换来知名度及广泛的尊重和认可。没有利齿的老虎不如丧家犬，敢叫敢咬才有酒有肉！

在2016年起步的国家监察体制改革，拟形成全面覆盖国家机关及全体公职人员的国家监察体系，计划将检察机关的反贪局、反渎局及职务犯罪预防部门划出检察系统，同原有监察系统的行政监察职能、审计等部门的审计职能进行整合，成立监察委员会，与党的纪律检查委员会(纪委)合署办公。本文行文之时，此次改革最后的靴子尚未落地，最终的改革方案、对未来的长远影响及实际效果也尚未可知。但对于检察机关而言，失去反贪、反渎等方面的直接执法权，未来检察院的"地位"多少是受点影响的。

略带自夸地比喻一下，反贪局就是检察院"大哥"的头号"小弟"，手拿大刀，敢打敢杀。现在被隔壁的纪委"大哥"看上了，准备把反贪"小弟"领走。检察院"大哥"留不住，只得挥泪告别，谁也不知道以后检察院"大哥"的日子会过得如何，但反贪局无论挂什么牌子，如果还是在干抓贪官的活儿，那么这些道理应该还是通用的。

反贪局的"社会关系"

> 一个篱笆三个桩，一个好汉三个帮。
>
> ——中国民间谚语

一入侯门深似海，机关大院一向水深难测，众多官场小说已经揭露了不少。身处反贪局，看看身边那些紧密或疏远的机关关系，其实也挺有意思。

反贪局与"亲兄弟"

在检察院内部，反贪局干警之间往往比较抱团，和其他科室则保持着一定的距离。主要原因是其他业务部门大多是履行法律监督职能，无论是审查逮捕，还是审查起诉，主要工作无非是书面材料的审查、到看守所提审在押犯人、接待当事人之类，在反贪干警的眼里，那些都是二道工序，反贪局才是第一线业务部门，真枪实干抓犯罪分子，所以心底里多少有股子傲气。要打比方的话，反贪局就像检察院内孤傲的狼。

渎职侵权检察机构。主要负责国家机关工作人员的渎职犯罪和国家机关工作人员利用职权实施的非法拘禁、刑讯逼供、报复陷害、非法搜查、暴力取证、虐待被监管人、破坏选举等犯罪的立案侦查工作，简称"反渎局"，同属于检察院自侦（自行侦查）部门的一部分，是反贪局的兄弟科室。反贪、反渎的干警经常协同办案，干警晋职上也常常是交叉递升，所以两局往往私交甚密。实际情况中，反渎局的案子数量较少，干警配置也不多，对外的存在感也相对较弱，算是检察院的"夜鹰"，时隐时现。

控告、申诉检察机构。负责受理控告、申诉案件,处理来信、来访事务。俗称"举报中心"。各类当事人的举报、立功等线索材料都是通过这个部门流转到我们局领导的桌上,就算是侦查员在办案过程中收获的线索,也需要按照程序去举报中心走流程。这里有反贪案件的源头,是检察院的"耳目"。

刑事公诉机构。主要负责刑事案件审查起诉,决定是否起诉;出庭支持公诉;对人民法院的刑事审判活动是否合法实施法律监督;对确有错误的刑事判决、裁定提起抗诉和出庭支持抗诉,简称"公诉"部门。反贪局的案子,绝大部分最终都要进入审查起诉环节,经过公诉部门审查后起诉至法院。由于案子终究要走出院门,面向公众,所以,公诉部门常常对反贪移交的案子的程序问题、证据证明力等方面提出比公安机关的更为尖锐、更具体的整改要求,偶尔还会退回侦查部门补充侦查(不排除已经过事先协调,通过退回补充侦查以延长审限的情况)。甚至会有反贪部门老科长被公诉部门年轻承办人气到用鼻子出气的情况,最终多半也都能沟通解决,基本上是反贪这边作出让步进行补侦,但反贪干警在整个过程中的行事态度可不像公安干警那么客气,因此更加坐实了反贪都是"臭脾气"的招牌。公诉部门和反贪局是不分伯仲(或者稍逊几分)的拳头部门,是检察院的"大棒",没利剑那么锐利,但都是打击犯罪的主要武器。

侦查监督机构。主要负责对公安机关、国家安全机关、监狱、军队保卫部门、海关缉私侦查部门和人民检察院侦查部门提请批准逮捕、决定逮捕的案件审查决定是否逮捕;对公安等侦查部门立案侦查是否合法进行法律监督;对侦查部门提请延长侦查羁押期限的案件决定是否批准;对立案侦查部门应当立案侦查而不立案侦查实施法律监督。侦监部门和反贪局最常打交道的就是批准逮捕和延长侦查羁押期限的审查,这也是广受外界诟病的一点,总有自己人审查自己人的感觉。但实际上,侦监部门也常常对我们的证据中的瑕疵提出各类补侦要求,不过鉴于侦查科长和侦监科长可能是老同事、侦查员和承办人是同届入院等情况,这样的要求,往往都在轻松和谐的氛围下"整改"完毕。若干年前,应"最高检"要求,职务犯罪案件的提请批准逮捕权上提一级,不再由本院负责,外界质疑的声音便少了很多。侦监,是检察院的"过滤网"。

职务犯罪预防机构。主要负责法律宣传,结合案件对可能发生职务犯罪的情况提出检察建议,指导有关单位开展预防职务犯罪工作。预防部门很多年前原来是反贪局的内设部门,主要职能归口在反贪局内的办公室或秘书科,之后随着社会对这方面工作的需求剧增及"惩防并举"大环境的形成,这个部门便被独立出来,但感觉上还是反贪局的小"兄弟"。分家之后,惩防两家的关系仍然非常紧密,预防部门的领导或者是骨干元老,经常由反贪局的老科长或者侦查员调任,加上预防部门经常跟着反贪一起介入案件,更加深了两者的关系。预防部门,是检察院的对外"窗口"。

司法警察机构。主要负责本院司法警察的管理、考核工作;负责警卫、提解、押送犯罪嫌疑人;依法执行传唤;参与搜查;执行拘传和协助执行其他强制措施;管理司法警察的装备;负责机关安全保卫工作,俗称"法警队"。法警队是我们反贪局的好伙伴,每次通宵办案或者是开展审讯工作,都需要他们保驾护航,这种革命友谊是同甘共苦铸就的,很是坚固。法警队,是检察院的"黑猫警长"。

至于检察院内的其他部门,包括监所检察机构(负责对刑事判决、裁定的执行和监管活动实行法律监督;对监狱内的职务犯罪直接立案侦查;对服刑人员的又犯罪案件和劳教人员的犯罪案件审查批捕、提起公诉等工作)、民事和行政检察机构(负责对人民法院的民事、行政案件的审判活动是否合法实施法律监督;对人民法院已发生法律效力的民事、行政判决、裁定确有错误或者违反法定程序可能影响案件正确判决、裁定的,依法提出抗诉等工作)、政治人事机构、行政管理机构、财物管理机构、法律研究机构、检察技术机构、案件管理机构等,反贪局和他们的沟通交流肯定有,但没有那么紧密。

反贪局与"大伯"

大伯是指父亲的哥哥。纪委虽然不是检察院的直系哥哥,也差不离。

纪委，又称纪检委，是纪律检查委员会的简称，是我国卓有特色的一个机构。纪委是纪律监察机关，是服从党的领导的政治机关，不属于政府部门，但属于公务员序列。

有人说，反贪局是纪委的"猎枪"。

有人说，反贪局是纪委干部的蓄水池。

也有人说，国家监察委的成立，就是将反贪局正式并入纪委麾下，把台面下的事放到了台面上。

到了这里，让我粗浅地说说反贪局和"大伯"之间的关系。

职责与分工。作为一名反贪局侦查员，我曾参与纪委办案。纪委专门负责党员干部违法乱纪行为的调查和处理，而反贪局针对的则是国家工作人员的职务犯罪行为。一般情况下，只有同时具备党员干部、国家工作人员、职务犯罪等要素，才会出现纪委和反贪局的交叉区域。在平时工作中，纪检监察部门处理案件时，会将可能构成犯罪的违法违纪案件移送检察机关进行刑事立案追究，而反贪局发现的尚不构成犯罪的违法违纪案件，也会移送纪检监察机关处理。

先后。新闻里常常能看到："某纪委根据《中国共产党章程》《中国共产党纪律处分条例》有关规定，决定给予某人开除党籍处分，对其涉嫌职务犯罪问题及问题线索移送检察机关依法处理。"这里的检察机关，实际上指的便是反贪局。但这样的行文很容易给大家一种感觉，所有的案子，必须经过纪委之手，才会移送检察机关处理，反贪局就是个"二传手"，甚至于是个"摆设"，惟纪委之命是从。根据我国国情，有些事情无须争辩，谁先谁后也一目了然。实际上，能够"享受"这样"先纪后检"待遇的，除个别关键部门一把手的县处级干部外，至少是厅局级以上干部，大部分是省部级干部。但在全国每年数万名职务犯罪涉案人员中（最高人民检察院检察长曹建明在十二届全国人民代表大会第四次会议举行的第三次全体会议上做最高人民检察院工作报告时指出，2015年全国检察机关共立案侦查职务犯罪案件40834件、涉案人员54249人，其中，查办贪污、贿赂、挪用公款100万以上案件4490

件，同比上升22.5%），未经纪委查处而被检察机关直接处理的，至少超过七成。

交织。每次到同级纪委了解情况或者办事的时候，总能看到带队的领导和纪委干部热情地打招呼。检察院被称为是纪委的干部储备处，很多精干的侦查人员会通过借调、商调等方式，从检察系统切换到纪委系统，而且很多是去担任领导职务，偶尔也有纪委的领导干部到检察系统任职，所以，反贪局和纪委之间，无论就公还是论私，多多少少总有着一些默契和交情。

依据和规矩。反贪局开展工作的法律依据是《刑法》《刑事诉讼法》《检察官法》等，纪委开展工作主要依据的是《中国共产党章程》《中国共产党党内监督条例》《中国共产党纪律处分条例》《中国共产党纪律检查机关案件检查工作条例》等。两者之间的区别，不作赘述。实际办案中，纪委有"双规"（要求有关人员在规定的时间、地点就案件所涉及的问题作出说明）、"双指"（指定时间、指定地点，交代问题）这两把利剑，是反贪干警所羡慕的。而反贪办案区的每个房间里，都会设置一个时钟，每一个办案人员的台前，都有一本写得满满的台历，用来提醒自己时间的流逝和法定期限的催促。有些老百姓分不清纪委办案和反贪局办案，只要看到领导干部被带走，不论来人的身份、使用文书、带走的方式，都统统叫作被"双规"了，这真的是一种误解。

反贪局与"后妈"

本书撰写期间，正处于国家监察体制改革初始之年（2016年）。2016年1月召开的第十八届中央纪委第六次全体会议上，习近平总书记指出："要完善监督制度，做好监督体系顶层设计，既加强党的自我监督，又加强对国家机器的监督。""要健全国家监察组织架构，形成全面覆盖国家机关及其公务员的国家监察体系。"再结合党的十八届六中全会公报中将监察机关与人大、政府、司法机关并立的提法，改革监察制度成立新型监察机关绝非空穴来风，而是呼之欲出。2016年11月，中共中央办公厅印发试点方案。此后，京、晋、浙的试点搞得热火朝天，如火如荼，其他各省市检察院则暗潮涌动，静观其变。整合监察、审计等反腐力量，撤并检察机关职务犯罪侦查机构，成立独立于"一府两院"的监察委员会，同党的纪律检查委员会（纪委）合署办公，此时已经是弦上之箭，只待落地。

身为反贪局的一员，以前偶尔会听到一些纪委和反贪局互相扯皮的牢骚，大都一笑而过。说心里话，很多时候，纪委要么就是办些不便外传的干部作风问题，要么就是办理相对高级别领导的违纪违法案件，这样的纪委、监察部门，尽管在公务员队伍内部有着很强的影响力，但对于广大群众，还是有一定距离感的。如果检察系统的反贪、反渎、预防等"反腐"部门"转隶"，成为国家监察体制中的一部分，以纪委为核心开展工作，类似于现在纪委和政府监察部门之间的关系。这样的情况很可能是另一种形态的转职能、提效能。

但反腐败建设终究不是一朝一夕的事情，惩治和预防职务犯罪、进行反腐倡廉建设的工作还是这些，打交道的还是这些官、这些民，转隶之后，办案子的还是这些人，万变难离其宗，可能有一些锦上添花之景，但"根"还是在这里。根据现在的情势，这条反腐败之路，还得继续走下去，得下大力气继续走下去。

反贪局与"远房三叔"

"香港优势，胜在有你和ICAC！"

和身边的反贪局相比，很多人，尤其是青年人，可能对ICAC（香港廉政公署）反而更加熟悉。ICAC能够享誉海内外，很大程度要归功于香港TVB的电视剧。从专业的角度而言，ICAC确有出彩之处，光看香港的廉洁指数，便可见一斑。本书不重数据，不重理论，故在此不作赘述，仅围绕几个边角料，尤其是ICAC和反贪局的对比，聊聊自己的看法。

钱比反贪局多。多很多，多非常多。香港的人均收入本就领先于内地，ICAC作为独立的机构，崇尚高薪养廉，这也是能够保持ICAC公正性的保障之一。曾有很多内地学者呼吁，引入高薪养廉这一原则,提高公务员的待遇,提升效率,诸如此类,尽管我也希望能提高收入,但实话实说,高薪养廉,至少现在在内地反贪系统,走不通。ICAC 的人员素质,普遍比内地反贪系统的干警高。高素质,高收入,这是一种价值对等。而且,ICAC 人员聘用和内地检察院公务员的统一招录有所不同,特别是其中的高级职员,主要面向具有工作经验的高级人才定向招录,高级专业人士配合资深侦查人员,这些人组合在一起,玩得了高科技,搞得懂数理化,弄得清金融风暴,惩得了土匪恶霸。相比而言,内地除了北上广深等一线城市,其他地区反贪局的人员构成相对还是"初级"一些,在一些二三线城市,检察院公务员的招录标准至今还是大专及以上文凭,甚至不要求法律类专业背景,和 ICAC 里硕士、博士扎堆相比,我们还是惭愧了些。不敢多和人家比,不仅是钱比不过,本事也比不过。

事儿比反贪局管得宽。内地反贪局管的是几百万公务人员、国企工作人员,总数看上去多,占总人口的比例不算高。ICAC 的调查对象则包括公务员在内的公共事业机构和所有私人机构。香港讲求全民反腐,对腐败零容忍,无论这个机构、公司是姓公还是姓私,其工作人员都要遵守廉洁底线。坊间流传 ICAC 曾经查办过一宗医生接受病人五元港币最终被判有罪的案例。五元港币,在香港只能买瓶矿泉水,放在内地根本不算事儿。南桔北枳,现在内地的土壤绝对不适合这样的强度。真实的情况是,采购的回扣、营销的返点,已经是很多行业的"明规则",甚至一些公共停车场,不给发票可以有"折扣"价,都是现实民情,内地广大的基层群众已经适应了人情社会下的变通方式,一些人只要自己得了实惠,就不再考虑那些别人的大义,只要赚的钱比违约金高,立马就能撕破面子,哪管什么契约精神。如果真的全套照搬香港做法,来个"全民反腐",一刀切,换来的估计只是更广泛的谩骂,越底层骂得越凶。毕竟有些人最不吝啬的,就是躺在沙发上的点赞及"站着说话不腰疼"的谩骂。

公务员穷不穷

> 尽盘算着敌人的失败,就看不见自己的利益。
>
> ——德谟克利特

在很多非公务员的眼里,公务"猿"无非就是一杯茶一张报纸,旱涝保收还有灰色收入,每天活少、钱多、离家近,身揣七八九十张银行卡,天天晚上都有老板请客吃饭,每个人都是关系户,都是 X 二代,过着衣食无忧的日子。

其实,这样的日子,我做梦都想啊……可是真没有啊……

在百多号人的检察院大院里,的确有一小部分人,或家境殷实,或背景雄厚,确实不在乎工资单上的微薄收入。但我的身边,包括我本人,更多的还是平头老百姓,指着这些收入养儿育女、还房贷。用我们的话说,这点钱发不了财,也饿不死,但绝对或缺不了。

最近朋友圈里有一批哭穷的公务员,把自己说得又忙又穷,又苦又贫,牺牲小我,成就社会。搞得同样身为公务员的我,也开始怀疑,我们真的有这么惨吗?

活儿并没有那么多

一般的政府机关,最受人诟病的,就是懒政怠职,特别是窗口岗位(税务、工商、公安派出所等),一直被很多老百姓吐槽:办一个事要跑三四个地方,每个地方都要排队等一两个小时,里面的公务员慢悠悠的,一点都不着急,每天朝十晚四,还有午休!这种现象在很多地方都是事实,只是没那么普遍和夸张。老百姓都是纳税人,到"公仆"这里还要排长队,受冷脸,心里有怨气也是可以理解。可能有公务员会说,我们这里活儿太多,忙不过来啊!但每个政府机关都有岗位编制,编制内人员不够用,还能想办法申请经费,招录一些非编人员(类似检察院的文员)处理这些工作。这几年,国务院还在自上而下简政放权,减少政府行政审批事项等工作,加上各类工商、税务工作的电子化、信息化推进,真正需要排在政府窗口的人比以前已经减少许多了。当然,也不能一概而论,少数部门仍然接待业务繁重。但政府机关工作人员的整体状况是活儿多就多招人,活儿少也不减人,人均工作量还是在可接受范围内的。有时年轻人感到工作多、压力大,症结可能在于老同志过早卸下了担子,把传统工作和创新工作都交给年轻人的关系,这又是一个复杂的课题,这里不多说。

我有一个同学考进税务局,该局正好在汽车城旁边,每天都有很多买车的人来纳购置税、车船税等。他们一共开了四个窗口,一天接待八个小时,基本上纳税人是流水不断的,高峰时每天能有七八百人。他们在这个岗位总共安排了八个人,工作机制是每人接待一个小时,休息一个小时,其实每人每天都是接待四小时,休息四小时,且绝对保证五点下班。而我们单位对面的工商银行柜台员工,从早九点到晚五点,除了一个小时吃饭,全在那里收钱发钱,操作电脑,关门之后还要轧账统计,每天都要六七点才能下班。你说两份工作谁比较累?

压力没有那么大

我有个室友,非本地人,大学期间和我一样通过国家司法考试,毕业之后留下来成为一名律师。每次同学聚会,他总是最后一个确定有时间参加的,而我们几个公务员基本上都是早早地回复"没关系,下班都有空"。开始的几年,大家还感觉不出太大区别,但差不多五六年的样子,他已经是律所的合伙人,手下有了一个小团队,三四个年轻律师都称他为"老板",也买了一辆全新的高级轿车。有一次几个兄弟喝高了,我便略带嫉妒地赞扬他事业有成,宏图大展,豪车在手,锦绣前程。他猛地干了一杯,诉起了苦:为了争取更多的业务,他常常要和各个业务公司打交道,不仅要陪吃陪喝,还要处处拍马溜须,他自己都觉得是一个穿着名牌西装的销售员而已；带着自己的团队办业务，是为了更好更长远的发展，但整个团队也得靠他吃饭，他不仅要每天带头加班，同时也有了更大的经济压力，言罢还指了指自己的鬓角："这里都已经斑白了，全都是染的。"他每年的收入，除了支付团队的工资，还要维护客户，剩下的钱本来就不多，买的这辆新车更多地也是为了撑门面，自己到现在还是租房居住，对于这个城市没有归属感，只有疲惫感。和他相比，我们这些旱涝保收的公务员，天天坐在有空调的办公室里，不需要去跑业务，也不用背指标，和外人打交道时也不用看别人脸色行事，领导也不需要考虑手下的薪酬，工作证和制服就是我们最好的门面。

身边的人常常会攀比，我的同班同学已经年薪上百万了，我却只有这么点。在同一起点开跑的人，付出的时间和空间不等同，付出的汗水和泪水不等量，得到不一样的收获，难道不是理所当然的事情吗？

面子没有那么薄

公务员之所以被称为"铁饭碗"，最主要就是因为稳定。公务员是整个社会为数不多除了本人之外大多数其他人都满意的职业之一（其他人包括：父母、亲朋好友、相亲对象、对象父母等）。拿我自己来说吧，我的父母对外介绍我的工作的时候，都很骄傲地说我是检察院的"检察官"，还要强调一下是公务员！即便别人说起自己子女收入多么丰厚，我老爸也从不怯场，仿佛公务员除了钱少点之外，什么都不比别的工作差，这可能也是一种社会的认可。

存在即有合理性。中国社会千百年来，士农工商，古时能为君王打工，那是最高级的打工仔，而今他们只是为世界五百强打工，我们却是为全球第二强国打工。而且，改革开放以来，随着社会结构和阶层的更迭变化更加频繁和激烈，老百姓心中越来越缺乏安全感，之所以会产生持房养老、富人移民等现象，大致都与此有关。一些国人即便积累了大量的财富，成了马总、王总，还是缺乏安全感。因而在很多人的印象中，中国没有比公务员更稳定的职业了，只要你不犯错，不犯规,不犯法,国家就会一路养你到老,这种稳定,也是公务员优越感的来源之一吧。

世界上没有哪一份工作是完美的,对任何一种工作过于苛求,那就是矫情。对于那些还在"呻吟"的公务员,我只能说,如果你有能力,那就出去闯,如果你没有能力,还希望混着日子就能获取巨量财富,那你很容易就会成为反贪局的办案对象。既然你选择了或者希望享受这一份安逸和稳定,那就请一并接受伴随而来的平淡和不富裕吧。

检察院富不富

贫而无谄,富而无骄。

——孔子《论语·学而》

聊完了公务员,再聊聊我们检察院。诚然,在我国,不同地区、不同机关甚至不同部门的公务员,收入都有可能大相径庭。在此我也只能作为一个多年的法律工作从业者,通过和身边从事着各类法律行业的同学和好友的交流,粗略地分析一下检察院工作人员的收入定位,仅供参考。

同样是法律从业者,收入的第一梯队,基本上是律师团体中的精英分子、高级合伙人或者企业高管;其次应该是较大部分的律师(尤其是非诉讼律师)及优秀的企业法务工作者;第三梯队则是大部分公务员,还有一些正规公司职员如国有银行的普通员工等;第四梯队基本上就是那些没找到正规工作的人。

中国人有个癖好,喜欢"比",比高低,比长短,比多少。本人也不能免俗,在第三梯队的法律类公务员中,我试着给检察院岗位定个高下。

总体上一句话,"比上不足,比下有余"。

各地公务员的薪酬水平,根据当地经济发展水平及公务员政策有所不同,在此只能假设在同一城市进行纵向比较。而由于自2014年开始如火如荼展开的司法改革(现限于法院、检察系统),还要有个改革前后的对比。

公检法(公安、检察院、法院)公务员,同其他机关公务员相同,都是享受地方财政,故基本持平;改革后,检法公务员享受省级统一下拨的财政,根据实际情况,提高10%—20%左右,公安及其他公务员则基本没有实质改变。

公检法公务员中,公安公务员最辛苦,收入略高(高在加班费、误餐费);法院公务员收入其次;检察院公务员略少于法院公务员。改革后,法院、检察院公务员收入基本持平,比公安公务员高出10%—20%左右。但平心而论,检察院的工作量相对较少,性价比最高。

法院、检察系统,随着司法改革的推进,人员进行了分类,实行"员额制"。就检察院而言,人员分为三类:检察官;检察官助理、技术、法警等司法辅助人员;办公室等行政管理人员。就收入而言,检察官最高,司法辅助人员次之,行政管理人员垫底,每档差距在10%—20%左右。对于反贪新人而言,入职不久就能成为检察官助理,而要成为一名反贪局检察官将是很长一段时间(正常情况以十年计)的主要奋斗目标。改革后,新人的上升空间,不完全看能力和形势,还得本院有"员额",这就无法一概而论了。如果本院已入额检察官都正值中年,那么青年梯队很可能要等到入额检察官退休或调离,有"员额"空出才有可能出头。暂且不论员额制对于提升办案效能,提升办案专业性等方面的优势,其对于青年梯队积极性的打击,还是相当大的。

或许有人会说,国家机关都有灰色收入,都会有三四张工资卡之类的。我不是万知万能的上帝,也没有能够透视的真知之眼去看透其他机关人员的荷包。但我知道,城市越发达,文明越进步,法制越健全,灰色收入存在的空间就会越小。更何况,反贪局就是干这行的,我们心里自有一杆秤,高回报往往意味着高风险。哪里油水多,哪里风险就大,哪里就是我们完成"指标"的主战场。所以说,既然是公务员,就要有些"清贫济世"的心理准备,特别是政法公务员,更要"安贫乐道"。我就只有两张卡,一张工资卡,另一张是饭卡。

如果有人问我,想增加收入,怎么办?我会诚恳地告诉他:如果你是求财,那还是离开检察院吧,这里有正义的熏陶、使命的召唤,可能有卓然的社会地位、亲密的战友、轻松的氛围,但很难有丰厚的物质回报。

借机说说隐性福利吧。这里的隐性福利，指的不是各级公务员所获取的系统内统一下发的工资以外的隐性财和物，而是指身为反贪干警，可能从社会上获取的系统外福利，或者称为"灰色收入"。

虽然没有仔细计算，但是我在反贪这几年里，也多少曾经获得过一些因为工作或者是反贪的身份而来的好处，印象深刻一些的，总共有两顿饭、一个U盘。

两顿饭，其一是同辖区某机关的一个同志请的，我和他有个共同的朋友。那时我刚到反贪局不久，这个同志和我们共同的朋友聚会时偶尔提起我，他觉得交一个反贪局的朋友，有益无害，便约了一个饭局相聚相识。感觉得出，他是个长袖善舞之人，但这顿饭后的几年里，我们局都没有接到过这个机关的相关线索，平常的工作也没有交集，他也没再主动联系过我，时间久了，交情也就淡了。因为反贪局终究不像税务、工商或公安，和日常生活的关联比较高，客观地讲，大部分时候，反贪局是一个冷门单位，是不声不响但又的确存在的一个国家机关，外冷内热，像个"二踢脚"，不点着的话，只能拿来垫桌角，但是如果见了火，也可以震到轰天响。

其二是某司法审计中心的一个老师请的。司法审计中心和检察院，其实是乙方和甲方的关系。职务犯罪案件中，经常需要对犯罪金额进行司法审计，我们在办案过程中，通常会建议将一些贪污、挪用公款案件的司法审计工作委托给具有相应资质的司法审计中心，对于我们的建议，被害单位、犯罪嫌疑人、法院等大多不会有反对意见，司法审计中心也乐于接受这类委托，所以对于检察院自然很是客气。但每年职务犯罪案件并不多，这些业务对于司法审计中心而言也不是主要的赢利内容，所以，对我们的客气一般也仅限于客气而已。当时这顿饭，主要是为了感谢某一批案件中，办案人员对他们一次审计错误的包容。当时我们发现这一错误后，通过公诉部门向法院进行解释，法院特意延期审理，让司法审计中心得以重新审计，避免这一业务事故的进一步恶化。事后，这位具体负责的老师找了个由头，请我们办案人员一起聚了一餐，用的不知是中心的公费还是她自己的钱包。

还有一个 U 盘。在一次查案过程中，我们发现犯罪嫌疑人在贪污过程中利用了一家企业财务管理系统漏洞，为确定案件事实，我们特意到这家专门为国有企业提供企业管理软件的私营企业了解情况。从漂亮的前台小姐、和蔼的项目经理、谦卑的技术人员至毫无架子的副总经理，所有打交道的人都对我们这几个反贪干警异常客气，向我们介绍了案件中涉及的系统漏洞，并再三强调该漏洞已经在案发后的第一时间被技术人员发现和弥补，已经不可能再发生类似的问题，同时希望我们能在合适的时机，向企业相关负责人对整改措施有所"强调"，而对系统漏洞"不再强调"。在我们临走时，该企业向每人赠送一个小盒子，里面放的就是这个印有该企业标志的 U 盘。

　　以前还有过好几次全局或者全科聚餐的情况，平均三四个月会有一次，但那都是在中央八项规定出台之前的事情了。自文件下发、精神落实之后，这类饭局已经在基层检察机关销声匿迹了，即便是科里的小规模年夜饭，也都是个人请客买单，酒足饭饱之后大伙儿各奔东西。

　　如果还有人问，有没有来自单位之外其他渠道给予我个人的现金或者超市购物卡？这个还真没有，不是我自命清廉，也可能是层次还不够高，总之至今没有人通过这种方式，高强度地检验我的廉洁水平和自律意识。

反贪和公安，有啥不一样

> 聪明人与朋友同行，步调总是齐一的。
> ——法国谚语

长期以来，我国公安机关一直被人诟病的一件事就是，查办的诸多刑事案件中，经常是以人立案(以犯罪嫌疑人立案)，而不是以事立案(以犯罪事实立案)。以人立案，往往是在犯罪嫌疑人自首或者被抓获后，才启动对相关案件进行立案等流程，这样做的初衷是为了避免因为没有找到犯罪嫌疑人而使已立案案件成为悬案，从而提高公安机关刑事案件的"结案率"。但这也从另一个侧面体现出，公安机关可查办案件确实是多于实际查办案件。举个简单的例子，一个行人突然发现自己的手机被偷了(犯罪事实)，但没有当场发现小偷，公安机关接到报警后，大部分情况下并不立案，只是先进行登记，只有当抓到小偷(犯罪嫌疑人)之后，才会真正立案侦查。所以，实际情况中，一个活动在公交车站附近的惯偷，往往是偷窃多次才会被查办一次，而且由于部分被害人未报案或者证据不足等缘由，最终实际追究的也只是其一部分犯罪事实。这样直接导致的情况有两种，一是被侵害的当事人抱怨公安机关办案不力，二是公安机关每年侦办的刑事案件数量实际上远少于真实发生的犯罪事实。

其实，类似的情况多少也发生在反贪部门身上，虽然并不完全一样。

首先，反贪案件的数量实际上远少于其他刑事犯罪案件，反贪部门的办案数量和同地区公安机关相比，可说是霄壤之别。职务犯罪由于严格的主体身份要求，能够符合这一标准的人群本来就小，其中有条件同时又有欲望并实施了职务犯罪的人数就更小了。

其次,职务犯罪的隐蔽性远大于非职务犯罪,侦查难度较大。反贪局的职务犯罪线索中,捕风捉影的不实信息过多,筛选过滤成本大,实际成案比例小。很多时候,职务犯罪案件案发都存在一个量变向质变发展的过程,在案发初期很难被发现,只有当案发值或者案发时间量变积累后,产生质变(如职务变迁、审核账目、行受贿者之间产生矛盾等),才容易案发。检察系统有位老领导说过一个观点,深以为然:"没有发现不代表没有发生,所以一旦发现,就务必一查到底!"诚然,反贪查案有严重的滞后性,也有很多犯罪行为隐藏在正常的职务行为之下,尚未被我们发现。但除了加强侦查能力、提升办案效率、鼓励举报行为、增加案源线索之外,一时也实在没有更好的抓手。

再次,反贪局的社会期待日益提高。随着近几年全国反腐力度的不断加大,打虎拍蝇之声不绝于耳,各类典型案例、查案业绩也以更高频率出现在各大媒体、报纸上,这对于我们基层干警,更多的是一种压力。巧妇难为无米炊,我们的案子也不是天上掉下来的,贪污犯、受贿犯也不会把自己的罪行都写在脸上。案源少是一方面,另一方面,一个案件立案,之前可能已花了两三个月的初查时间,后面还要花两三个月的时间完成各类司法流程,都需要人力和时间。而且,尽管媒体报道了那么多腐败分子,但我们接触的更多还是遵纪守法的太平公务员,有些网民常常叫嚷公务员都有灰色收入,每个公务员都有罪,我们只能一笑而过,如果真的天下乌鸦一般黑,那反贪局也没有存在的意义了。

为什么是我去反贪

认识自己,方能认识人生。

——苏格拉底

想当年,作为新进公务员的我入院后没多久,就被直接分配到反贪局侦查二科。接到政治部通知的时候,我并没有多想,但事后想想,大概有这么几重原因,也可以作为小伙伴们进入检察院的参考:

首当其冲是性别原因。细说起来包括三个方面:第一是因为这十几年来,公务员工作越发吃香,国家及地方公务员考试都挤破了头,千军万马过独木桥,并且在中国的素质教育下,女性优势明显,公务员笔试成绩往往名列前茅,故而每年进入检察院的都是女多男少,我们隔壁的公诉科因为女检察官占比超过 2/3,经常被戏称为"母诉科"。第二是因为历年从检察机关离职的人员中又以男同志居多,主要的离职方向大都是律师、企业法务等,属于久则思"变",而院里的女同志偏向于求"稳"而守,此消彼长,检察院的男性变得更加珍贵。第三是因为反贪局、反渎局等自侦部门经常需要加班、出差等,日夜颠倒,压力偏大,故而男性检察人员往往更受欢迎,每年新进人员中的男生,大多会被反贪局"预订"。我这个七尺男儿,说不定在入院前,就已经被反贪局给"盯"上了。

第二个原因是学历。我这个法学专业的本科文凭,说高不高,说低不低,在我所在城市的各个机关单位里绝对是毫不起眼的,甚至是最低要求,但当我身入反贪局后才发现,身边的年轻干警基本都是本科生。有一次和老同志闲聊,获指点迷津方知其中奥妙:和研究生相比,本科生有三大优点:年轻、听话、不着急。少读三年书,毕业还是

"少年","拳怕少壮",办案加班,更有干劲;和硕士研究生相比,少读三年书,书卷气也少些,书呆子也少些,老同志一点拨,有悟性,做事不照本宣科,活络机灵;少读三年书,也不急着娶妻生子,不忙着提职提干,各式各样的要求少些,领导耳根子清净些,使唤起来也更得心应手。

  第三个原因是地域。我是本地人,也更容易获得反贪局的偏爱,这并不是很多人嗤之以鼻或者谈虎色变的所谓"地域歧视",而是实际情况。其一,本地人之间容易迅速形成亲切感,这是无法改变的客观事实。大家都是从类似环境甚至是同一区域长大成人,自然而然会有更多共同语言,这和各个大学里面的老乡会其实是一样的道理。其二,本地人不用过语言关,很快就能上手办案子,磨合时间短。我们这里有过一个南部某省的同事,在本市学习工作近十年,仍是乡音无改,每每给证人或犯罪嫌疑人家属打电话联系时,都容易被误认为是诈骗电话,刚说"你是×××吗?我是检察院的……"电话立马被挂断。后来,他经常让自己的书记员或者是实习生替他打电话向当事人询问情况或者约见提审。这既是笑料,也是真事。其三,本地人请假少,好差使。在反贪局里,有不少骨干都不是本地人,每逢五一、十一都要提前向领导报备自己回老家的时间段,尤其是春节期间,基本提前一个月就口头报备了。这些节庆时节如果恰逢紧急案件,局长、科长就要再三思量,将他们强留下来加班又的确于心不忍,但对于我们本地人,就可以"肆无忌惮",随意"压榨",只要避开大年夜、大年初一这些重要日子,其他时间,几乎都可以呼之即来,挥之即去。

  上述道理都不是书本上的,甚至是被人诟病,拿不上台面的,但这些至少是一部分反贪局领导的真实心态。我们都同样拿着公务员的薪酬,领导也希望挑选出更合适的人选去发挥更大作用,替自己多分忧,也是替国家多办事。我觉得这并不过分。综上所述,我作为一个新兵蛋子被安排到反贪局,表面看是偶然,但其中也有一些必然。

  可能有小伙伴要问,任职任岗这件事情,难道不是应该听从本人意愿吗?本人意愿是要听的,但是更多的是要考量任职单位的实际情况。各个机关每年招录的新进公务员的人数和拟安排的岗位,在招录前都是有大致计划的，那些缺编少人的科室或者岗位，早就眼巴巴等着你们"自投罗网"了。你选择检察院是自愿的，但是去什么岗位，领导或者人事部门早就有了一些打算，你可以发表自己的意见，但如果没有特别合理的理由，往往也会被政工干部说服听从分配。往年里个别表达自己强硬态度的同志，可能人事部门也会有所妥协，但在事后，这些人也很容易被烙上比较负面的评价。替新进公务员安排部门和岗位这项工作，对于人事部门而言可能只是日常工作中的小事，但对于本人而言，可能是决定你接下来多年工作的起点甚至是长期作战的阵地的大事，此事容不得马虎和随意。

我该不该做反贪

> 工作是高贵心灵的营养。
>
> ——辛尼加

虽然我此前将反贪工作说得有点玄乎,但反贪实际上不是一个需要特殊技能的工种,也不是一份需要异常能力的工作。照常理说,一个正常的公务员,基本上都可以担任,如果通过了法律职业资格考试,那就更能胜任了。但胜任不代表合适,胜任也不代表就一定能在这个平台获得人生价值的充分体现。

现在的年轻人中,主要存在四种价值取向:唯利主义、唯权主义、理想主义、自由主义。

在反贪局里想要多拿钱,还是别指望的好。每个人都亲手抓过太多唯利主义的典型,各种悲惨结局,看都已经看得我们寒心了。而且,为了求财而当公务员,这实在有点太冒险,绝对不推荐。

如果是为了权,反贪局的确是有权的,职务犯罪侦查权,一定的自由裁量权,这些都是权,甚至是独一无二的,但这种权力都被紧紧控制在制度的框架下,能够为个人所自由掌握的实在不多。自由裁量权是一样好东西,能够激发人的创造力,刺激主动思考,提升工作积极性,在办案中,也更有助于实现个别正义和个体公平,包拯、海瑞之所以成为偶像,就在于他们敢于挑战传统,充分运用自己的裁量权,判"真"案。自由裁量权也可能是个坏东西,可能变成权钱交易的温床,也可能是徇私枉法的膏壤。太多贪官污吏落马入狱,都是因为手上的"一支笔"管得太宽,权力太大。如果你只是为了获取虚荣心和存在感而不求财,虽然我不赞成,但说实话你还是比较容易得偿所愿的。

如果你是一个理想主义者，希望为正义事业而奋斗、付出，我绝对欣赏，也乐意和你共事。但希望你不要太理想化，现实和理想永远是有距离的，特别是身为一名基层侦查人员，常常会有无力感，比如，你有时会因为证据不足，无法将认为有罪之人绳之以法，尽管心里觉得窝囊，也是难免。

自由主义的人不会成为公务员的，即使进来了也很快就会走人，所以不用过多考虑。

要想成为一个反贪人，其实不难，通过法律职业资格考试、公务员考试，通过面试、体检、政审，就可以了。听起来很烦琐，但其实很简单。万万千千人里面有千千万万人都可以做到，但是在这些人选择成为反贪人之前，请想清楚自己想要的是什么。不要把这份工作想得太伟大，等你经历了工作的枯燥和辛酸后，你就不会再抱有幻想了；也不要把自己想得太伟大，等你缺钱的时候，你也一样会被生活所磨平；更别把这份工作和自己看得太过渺小，这份工作的意义，不在于一朝一夕的立案破案，而在于你内心深处的敬畏之心和理想信念，那是无法用任何量词去估量的。

钱钟书的《围城》里有一段话："围在城里的人想逃出来，城外的人想冲进去，对婚姻也罢，职业也罢，人生的愿望大都如此。"身边很多人都曾经想过要离开反贪局，但也有更多的人想进来。反贪局干部是一份值得骄傲自豪的职业，也是一份有存在感、有成就感的职业，更是一份需要付出辛勤劳动未必一直有回报的职业。

狄更斯在《双城记》的开头说道："这是最好的时代，这是最坏的时代；这是智慧的时代，这是愚蠢的时代；这是信仰的时期，这是怀疑的时期；这是光明的季节，这是黑暗的季节；这是希望之春，这是失望之冬；人们面前有着各样事物，人们面前一无所有；人们正在直登天堂，人们正在直下地狱。"

如果你选择了反贪作为你的职业，祝福你，希望你不要被那些黑暗迷惑了双眼，不要被夜色笼罩了内心。我们是黑夜的守护者，是地狱的守门人，我们将衣冠禽兽的衣冠扯走，但还是要维护他们最后的尊严。

如果你选择了反贪作为你的职业,恭喜你,你将会拥有正义的照耀,世人的尊重,尽管大部分人未必知道你的存在。有人说,人生的价值在于放光、发热;而我们的价值在于扫荡那些掩盖光芒的污点,可能太阳没有因为我们而变得更灿烂,但当阳光照耀在世人身上时,其实比往常更温暖了些。

致我的检察岁月
——于司法体制改革及国家监察体制改革之际

（代后记）

大江东去,浪淘尽,数风流人物,还看今朝。

将两首经典名句略作混搭,就是我眼中的中国法律界。

中国特色社会主义法律体系是中国法律人共同遵守、共同构建的体系,尽管它的历史远没有大陆法系、英美法系或者是中华法系那么悠远,但其拥有三者所没有的澎湃活力和无限潜力。中国公检法乃至中国法律界,摸索、踱步、跨迈、奔跑了一段漫长的前行之路,扭头回望,无数前人的足迹在浪潮中渐渐淡去;环顾四周,基石业已巩固扎实,先行者早已结伴开拔;眺望远方,星空之下、终点之前还有无数种可能有待发现。

司法体制改革,是为了除垢祛弊,激发"产能";国家监察体制改革,是为了聚力汇法,重拳治腐。同时身处两股巨浪之中的检察机关反贪部门,彷徨且憧憬。彷徨在于现状的难卜,尽管确信未来一切向阳,但这束阳光将从哪个角度照入?又照在何处?这些都需要时间来阐述。憧憬在于远景的恢宏,新时代、新征程,一幅依法治国的宏伟蓝图已被勾勒在眼前,尽管不知还需多少个寒暑才能抵达彼岸,但身为法学的朝圣者,机制内的小颗粒,依然感到心潮澎湃,与有荣焉。

沉浸在反贪一线的岁月里,我们既傲娇也惶恐,既勇敢也胆怯,无时无刻不在推敲着人性的丑与美,也打量着各种权力由不同人掌控的善与恶。身处前所未有的双重浪潮中的我们,披挂着世人的期待,怀揣着小小的梦想,有信念却也迷茫,有目标却也犹豫。

反贪是一份幕布后面的工作,即便案子办得如火如荼,也不会大张旗鼓地宣扬和传播,其中有着多方面的原因。极少数见诸媒体的案例,往往是一些广受关注的大要案且都是被精心挑选的辞藻包装后的成品。有时觉得,反贪人、反贪案、反贪局乃至检察院在世人面前都像是待字闺中的大丫头,总是蒙了一层薄纱,若隐若现,似真似假,其中多少也归咎于内行人的"积财吝赏",刻意保留了几分神秘感和距离感。

屈指算来,不知不觉进检察院已过七年,这是一个很微妙的时间段。不会像那些刚入院两三年的"小鲜肉"一样,因为那些奇葩案情大惊小怪、心潮激荡,也不会像那些入院十几二十年的老法师一般,仿佛浑身已经没有一点棱角,对一切人与事都见怪不怪、淡定超然。处于两个阶段中间的我,对于那些牵动心弦、拨动思绪的是与非,心中可能狂风骤雨,但表面仍要装作波澜不惊。我知道自己早晚有一天也会习惯于成为一枚安分守己的螺丝钉,在整个国家机器中循规蹈矩,无声无息。但可能是被几股浪潮"催"的,也可能是舍不得曾经路过的这些风景及随之而来的涟漪和火花被泯灭在岁月的蹉跎之中,或是"七年之痒"作祟,我萌发了将这层薄纱揭开一角的念想,同大家分享我一路走来的所见所闻所思所念,故而付梓于此。

在此特别要拜谢恩师郝铁川教授的再三鞭策,感谢北大出版社孙维玲编辑的悉心帮助,以及师兄郭彦明、师姐杨蓉的多番鼓励,否则我一定会羞于自己拙劣的文辞、疏浅的才识、乏善的思虑而不敢落笔。

最后容我有一点小小的骄傲,不仅是因为小小的我能够战胜自己,完成了这篇陋作,更是因为小小的自己曾经为中国反腐败事业所付出过的那一份微不足道的力量。

书中诸多疏漏和不当之处,恳请读者海涵并批评指正。

刘　喆
2017年冬于上海